深知以情 初识以貌

林徽因传

Phyllis Lin

翟晓斐 著

华中科技大学出版社
http://www.hustp.com
中国·武汉

图书在版编目（CIP）数据

林徽因传：初识以貌，深知以情 / 翟晓斐著. -- 武汉：华中科技大学出版社，2021.10

ISBN 978-7-5680-7432-2

Ⅰ. ①林… Ⅱ. ①翟… Ⅲ. ①林徽因（1904－1955）－传记 Ⅳ. ①K826.16

中国版本图书馆 CIP 数据核字(2021)第 152427 号

林徽因传：初识以貌，深知以情 翟晓斐 著

Lin Huiyin Zhuan：Chushi yi Mao，Shenzhi yi Qing

策划编辑：亢博剑 沈 柳

责任编辑：康 艳

责任校对：阮 敏

封面设计：今亮後聲 HOPESOUND 2580590616@qq.com · 小九

版式设计：赵艳霞

出版发行：华中科技大学出版社(中国 · 武汉) 电话：(027) 81321913

武汉市东湖新技术开发区华工科技园 邮编：430223

印 刷：天津中印联印务有限公司

开 本：880mm × 1230mm 1 / 32

印 张：8

字 数：225 千字

版 次：2021 年 10 月第 1 版第 1 次印刷

定 价：42.00 元

华中出版

本书若有印装质量问题，请向出版社营销中心调换

全国免费服务热线：400-6679-118 竭诚为您服务

序言

落花无言，人淡如菊

大多数人只知道林徽因是梁启超的儿媳妇、梁思成的妻子，徐志摩曾为她跟妻子离婚，金岳霖为她终生未娶，而缺少对她人生经历的探寻。

1904 年，林徽因出生于浙江杭州，祖父林孝恂是进士出身；父亲林长民毕业于日本早稻田大学，曾任北洋政府司法总长；叔叔林觉民是黄花岗七十二烈士之一。

林徽因从小接受东西方文化教育，学贯中西，才情满溢，个性清新脱俗，灵动洒脱，正所谓“落花无言，人淡如菊”。说她是中国女性理想人生的范式也不为过。在游历欧洲时，林徽因对当地的建筑十分痴迷，尽管她从未学过美术、绘画，但对其领悟颇深。梁思成正是深受林徽因的启发，与建筑结缘一生。两人一同赴美，就读于宾夕法尼亚大学，梁思成选择了建筑系，因为建筑系不招女生，林徽因只能读美术系，后来选修了建筑学课程。求学期间，他们或挽手漫步在校园的林荫小道上讨论学术，或在图书馆里查阅资料，两人在学业上相互鼓励、相互探讨，在生活中相互照顾、相互关爱。

1928年，林徽因和梁思成在加拿大喜结连理，同年回国，执教于东北大学，并创建了东北大学建筑系。“九一八”事变爆发后，东北大学被迫停办，梁思成受邀担任中国营造学社主任，林徽因也加入了营造学社。他们到山西、河南、山东、陕西等地考察古建筑，足迹遍及大半个中国。踩烂泥，坐驴车，住在爬满跳蚤的小旅店被咬得满身是包，她无怨无悔。每当发现一处古建筑，她便欣喜无比。她梳理了中国古建筑发展的脉络，并留下了数以百计的珍贵文献。她坚信中国传统建筑那种简约、大方的美，才是“合乎审美的最真纯的条件”。全面抗战爆发后，一家人经长沙流徙昆明，1940年冬迁往四川李庄。林徽因每天除了为生计发愁，还要与病魔斗争。但残酷的现实没有压倒她对建筑与文学的热爱，她辅助梁思成完成了《中国建筑史》；她坚持写作，创作了许多浪漫而优雅的诗歌、小说、散文及戏剧，被胡适称为“一代才女”，作品收入西南联大教材。抗战结束后，她为创办清华大学建筑系尽心竭力。从桌椅板凳、行政工作到课程设置，她全程参与，且不要职称，也不领薪水。中华人民共和国成立后，她参与设计国徽、拯救景泰蓝，样样当仁不让。

在生命的最后一刻，林徽因把对生的贪恋变成想念、把对死的恐惧变成坦然，昔日的往事如花絮一般在眼前重现。年轻时恋人送的铜镜，和爱人一起求学、游历走过的风景，某个阳光明媚的日子里儿女的嬉戏，妈妈的唠叨，陪伴几十年熟悉的爱人的声音……越美的韶华，越让人难以割舍。不管生活是如鲜花般灿烂丰富，还是饱经战乱、困厄与疾病，她始终保持诗意的情怀，保持宠辱不惊的风范。“一身诗意千寻瀑，万古人间四月天”成为她的真实写照。

本书以传记的手法，全面、立体地再现了林徽因真实而传奇的一生，同时讲述了她以极度的虔诚和敬畏之心追寻精神高地的心路历程。通过本书，我们看到的不仅仅是伟大的爱情，还有这位才女不凡的一生。

目 录

Contents

第一章　林家有女初长成 / 1

1. 林家有女 / 2
2. 父亲，母亲 / 6
3. 游历欧洲 / 11

第二章　康桥之恋 / 17

1. 遇见徐志摩 / 18
2. 真正的康桥之恋 / 25
3. 梁林结缘 / 32
4. 蔚蓝与碧绿 / 38

第三章　芬芳岁月 / 45

1. 求学宾大 / 46

2. 蜕变成长 / 52

3. 蜜月之旅 / 58

4. 赴沈教学 / 63

第四章　太太的客厅 / 71

1. 筑梦文学 / 72

2. 世事两茫茫 / 83

3. 北总布胡同 / 90

4. 一桩传闻的真假 / 95

第五章　寻古探幽 / 103

1. 香山寻古 / 104

2. 测绘古建 / 111

3. 诗意山西 / 117
4. 探访广胜寺 / 124

第六章　繁花将尽 / 133

1. 初有成果 / 134
2. 文字生香 / 140
3. “佛光”乍现 / 146

第七章　流亡生涯 / 153

1. 万里关山 / 154
2. 昆明聚首 / 161
3. 苦中作乐 / 166

第八章　书生报国 / 173

1. 藏在竹林深处的李庄 / 174
2. 穿越逆境 / 182

3. 曙光初现 / 189

第九章　浮生若梦 / 199

1. 北　归 / 200
2. 换一片天地 / 209
3. 心系国徽 / 214

第十章　萧萧暮雨人归去 / 223

1. 鞠躬尽瘁 / 224
2. 北京的城与墙 / 230
3. 翩然归去 / 235

主要参考文献 / 242

第一章　林家有女初长成

人生，
你是一支曲子，
我是歌唱的；
……
我生存，
你是我生存的河道，
理由同力量。
你的存在
则是我胸前心跳里
五色的绚彩
但我们彼此交错
并未彼此留难。
……

——林徽因《人生》

1. 林家有女

《诗经·大雅·思齐》中这样写道：

思齐大任，文王之母。思媚周姜，京室之妇。大姒嗣徽音，则百斯男。

1904年6月10日，浙江杭州陆官巷的林家诞生了一个漂亮的女婴。孩子的祖父林孝恂得知小孙女诞生，很是高兴，吟唱起了这首诗，并为孙女起名为“徽音”。这是一首歌颂周文王之母太任和周文王之妻太姒的诗，林孝恂取典于此，希望自己的孙女未来能做一个好妻子、好母亲，多多繁衍子嗣，帮助夫家成名成功。这名字一直被叫到了1931年。那一年林徽因在文坛崭露头角，接连在报刊上发表作品。而与此同时，文坛上另有一位男性作家也叫“林徽音”，为了避免读者混淆，她便给自己改名为“林徽因”。

林家是官宦世家，祖父林孝恂，字伯颖，是光绪十五年进士，福建闽县人，早年留学日本，历任浙江省海宁、金华、孝丰各州县官员，还参加过孙中山领导的革命运动。祖母游氏高贵典雅，是个端庄贤惠的美丽女子。林徽因出生后，游氏便把她带到自己房里，亲自抚养。

父亲林长民，是家中的长子，擅长诗文，热衷政治，林徽因出生的这一年，他正忙着与一群志同道合的朋友四处奔走，倡言宪政，宣传西方民主政治，几乎无暇顾及家庭。后来，他又在林徽因两岁时赴日留学，林徽因便跟在祖父母身边生活。

祖父林孝恂生活的那个年代，刚好是西学东渐、中国的启蒙思想萌芽之时，与他同科的陈三立、丘逢甲、杨深秀等名士，都是思想前卫、倡导新学的人物。林孝恂在京城翰林院干了几年，又被外放到浙江担任地方官，接触了不少新派的思想学说，因而很注重让子侄辈学习西方的先进思想文化。他在浙江时创办家塾，请来任教的老师既有国学大师林纾，也有新学名家林白水；除了教授儒家经典之外，还教授自然科学和外语。之后，他又送多名子侄出国留学。祖父的开明练达给年幼的林徽因涂上了一层极佳的人生底色。

林徽因 5 岁时随父母迁至杭州蔡官巷的一座老宅院居住。在这里，她的大姑妈林泽民成了她的启蒙老师。林泽民是清朝末年的大家闺秀，从小接受私塾教育，精通诗词歌赋、琴棋书画。她常对家人赞叹林徽因聪颖灵秀，背书时，口齿伶俐清晰，总能滔滔成诵。6 岁时，林徽因已能承担家人和在外父亲的通信事务，言辞生动，应答得体。

因着姑姑林泽民本身优雅、娴静气质的熏染，再加上林徽因与生俱来的灵气与悟性，这种后天与先天的完美结合，不仅让林徽因获得了良好的文学修养，更让她早早地显露出了秀雅脱俗的风姿。

林徽因的少女时代，受时局和生活所迫，一直处在不断迁徙的状态中。她8岁时，全家移居上海；10岁时，父亲林长民任北京政府国务院参事，全家北上迁居北京；1916年，袁世凯称帝后被讨伐，林长民因拥戴袁世凯而受到影响，林家迁至天津英租界暂避，而林长民仍留北京，12岁的林徽因独自照顾生病的二娘、幼小的弟妹，过早地承担起家庭的责任，同年秋天，全家又迁往北京；1917年，张勋复辟，林家又不得不再次迁往天津，此次林徽因没有随行，留在了北京。此后的半年多时间，林徽因又往返于北京天津两次，很少有平静的生活。那时她不过13岁的年纪，却能将家事打理得井井有条，显露出与年龄不相称的智慧与勇气。

后来局势稳定下来，林家定居北京，林徽因和3个表姐妹一同进入有名的培华女子中学读书。这所学校是英国教会办的，几乎是当时北京最好的中学，教师全为外籍，英语授课，校规严格，有着极高的门槛，口碑也甚好。和林徽因做过同学或校友的，有梅贻琦的女儿、历史学家洪业的女儿，还有出生于“四代翰林”之家的赵曾玖。

对于林徽因而言，进入培华女中，显然意味着一个新的开始——受国学熏陶的她正式接受西式教育。对自然科学、历史人文的涉猎拓宽了她的思维，使她形成了较为全面的知识结构；

音乐、美术课程陶冶了她的性情，也让她喜欢上了艺术，有了很强的艺术感受力；英语的学习更为她展开了一个迷人的西方文学世界，为她以后的深造铺平了道路。

在那个动荡不安、风雨如晦的年代，坐在培华女中安静而宽敞的教室里，林徽因享受着绝对安全、富足的生活。苦难和贫穷与她无关，那些血与火的斗争与牺牲与她无关，对女性、对出身的歧视也与她无关。这让她拥有了自信乐观、绝不过激的人生态度。她和表姐妹们穿着培华女中的校服走在大街上，经常引得行人纷纷驻足。她们的校服是经过特别设计的：中式的偏襟立领、琵琶扣圆摆上衣，西式的及膝百褶裙，深色丝袜，黑皮鞋，典雅秀丽中又有种洋派的感觉，再加上她们本身的气质，的确出众得很。

从性格的形成到个人职业的确立，从渴望有所成就的新时代女性独立意识的觉醒到现代知识分子的担当，甚至私人领域中的婚姻、情感与交友，林徽因所做的每个决定，都少不了在培华中学受到的先进思想教育的影响。从此以后，林徽因终生行走在新与旧、中与西、传统与现代之间。

也是在这所中学就读期间，林徽因遇到了梁思成。

美国著名的汉学家，也是梁思成和林徽因共同的好友费慰梅女士曾说："徽因生命中崭新的一页，自 1919 年铺展开来，这年她 15 岁①。梁启超和林长民结为好友。两人有同样在日本

① 梁再冰在《回忆我的父亲》中提到两人初次见面时，林徽因 14 岁，但据梁林两人以及其他家人回忆文章中的记述，他们相识后不久林徽因便前往了英国。依此推算，此处采用 15 岁的说法。

待过的背景，都在革命后的北京政府担任高官。两家门当户对，于是他们想以启超爱子思成和长民的爱女徽因的联姻，使两家结为亲家。这一年，两个年轻人在‘正式介绍’下认识了……”

而梁思成的女儿梁再冰在《回忆我的父亲》中记录的梁思成与林徽因初识的情景是这样的：

门开了……父亲看到的是一个亭亭玉立却仍带稚气的小姑娘，梳两条小辫，双眸清亮有神采，五官精致有雕琢之美，左颊有笑靥；浅色半袖短衫罩在长仅及膝下的黑色绸裙上；她翩然转身告辞时，飘逸如一个小仙子，给父亲留下了极深刻的印象。

从梁再冰的描述中，我们可以看出梁思成对林徽因的第一印象是美好而深刻的。而林徽因也大概从这次相见中或多或少明白了父亲的期待，而父亲的意愿在她心中极具分量。

2. 父亲，母亲

林徽因的父亲林长民，生于1876年，自幼聪慧绝伦，被乡党宗族视作神童，少年时受业于文学家兼翻译家林纾，虽在家塾中就读，但也获得了不少西学知识。1897年，21岁的林长民考中了秀才，但他放弃继续苦读做举人，而是开始学习英文和日文。

1906年他远赴日本留学，不久后回国，就读杭州东文学校。从该校毕业后，林长民再度赴日，就读于早稻田大学，是日本留学生中比较公认的明星式的人物。近代掌故大家徐一士在《谈林长民》中，曾这样描述他："躯干短小，而英发之概呈于眉宇。貌癯而气腴，美髯飘动，益形其精神之健旺，言语则简括有力。"徐志摩也在《伤双栝老人》中，以诗般的语言形容林长民出色的口才："摇曳多姿的吐属，蓓蕾似的满缀着警句与谐趣。"

林长民热心于社会公益，喜欢助人为乐，一度还担任留学公会会长。据说推举他的人一致认为林长民身兼数长：一有文才，不但学识渊博，而且"善治事"；二有口才，善于辞令，滔滔雄辩；三有家财，"家本素封，交际所需，不匮于用"；四有胆识，遇事肯担当，决无畏葸之态。

但身怀不少进步思想的林长民并不赞同激进的革命态度，当堂弟林尹民、林觉民慷慨陈词，宣扬革命的宗旨时，他仍希望以改良的方式实现宪政。他从政期间喜好广泛结交挚友，用他自己的话来讲："政治家须有容人的雅量，中国前途不可知，尤须联络异己，为沟通将来政治之助。"他的社交圈充满了形形色色的人：他认得日本名流犬养毅、尾崎行雄，也熟识主张实业救国的实业家张謇、清朝官员岑春煊；他和汤化龙、孙洪尹等留日的立宪派志士互相引重，也结交志在推翻清政府的同盟会会员宋教仁、黄兴，还与主张君主立宪的杨度相熟。他在那时就已经按照一个政治家的标准来塑造自己、规划未来了。

1909年，林长民回国发展，出任福建官立法政学堂教务长。他大刀阔斧推动教育改革，却被守旧官僚罢免，于是索性自立山头，斥资在福州设立法政学堂，亲任校长。后来，清政府下召重申“预备立宪”，各省纷纷设立谘议局，林长民担任福建省谘议局书记长，可惜又遭到保守派的掣肘，只得辞去书记长一职，前往上海谋差。

随后武昌起义爆发，同盟会策划了黄花岗起义，林觉民、林尹民两位林家至亲英勇就义，林长民也屡遭凶险，返回上海家中时被父亲关在楼上“累日不得出”。

林长民自认为有政治禀赋，一心想做治世之能臣，后又陆续担任过参政院秘书长、众议院秘书长、总统府外交委员会事务主任，但他始终无法进入权力核心。

1920年春，林长民携16岁的林徽因到欧洲考察西方各国的政治制度。1921年10月，林长民回国与蔡元培、王宠惠等联合上书，向政府建议恢复国会，完成宪法。他们的建议得到了当时的总统黎元洪的采纳，林长民也被选为宪法起草委员会委员，直接参加了制宪工作。而当时的中国早已是一盘散沙，各大军阀都在争夺地盘和利益，很少有人真正关心国家的前途和命运。1923年10月，曹锟贿选总统成功，林长民所主张的政治制度和地方规划被搁置，他的政治理想化为泡影。

林长民一生为政治奔走，渴望建立一个富强、民主、自强的新中国。然而他的这些志向和作为，林徽因的母亲何雪媛是不懂的。

何雪媛是一位典型的传统旧式妇女，出生于浙江嘉兴一个商人家庭。何雪媛的父亲是开小作坊的，她从小跟父母东奔西走，没读过书，14岁时作为继室嫁入林府。这样的背景，与官宦之家、书香门第的林家显得那样格格不入，与才华横溢、儒雅风流的林长民更是一种错配。

后来，林长民又娶了一位上海女子程桂林为妾。相对而言，这位女子更得林长民的欢心，而且她生下了林家梦寐以求的男丁，更加受林长民的宠爱。林长民还特意将程桂林母子安排在宽敞明亮的前院居住，昼夜相伴，而让何雪媛在相对窄小、幽暗的后院居住，很少去探望。

林徽因的儿子梁从诫曾对此写过这样一段话：

早年我的外祖父林长民（宗孟）出身仕宦之家，几个姊妹也都能诗文，善书法。外祖父曾留学日本，英文也很好，在当时也是一位新派人物。但是他同外祖母的婚姻却是家庭包办的一个不幸的结合。外祖母虽然容貌端正，却是一位没有受过教育的、不识字的旧式妇女，因为出自有钱的商人家庭，所以也不善女红和持家，因而既得不到丈夫，也得不到婆婆的欢心。婚后八年，才生下第一个孩子——一个美丽、聪颖的女儿。这个女儿虽然立即受到全家的珍爱，但外祖母的处境却并未因此改善。外祖父不久又娶了一房夫人，外祖母从此更受冷遇，实际上过着与丈夫分居的孤单的生活。母亲从小生活在这样的家庭矛盾之中，常常使她感到困惑和悲伤。

面对丈夫的冷落和新夫人的得宠，何雪媛愤怒、嫉妒、无奈，在那一方庭院的狭窄空间里，她的情绪得不到任何纾解，她唯一的宣泄对象就只有林徽因。这让林徽因的内心也生出了复杂的情感，对父亲又爱又恨。

梁从诫在《倏忽人间四月天——回忆我的母亲林徽因》中这样评述过林徽因当时的心态：

她爱父亲，却恨他对自己母亲的无情；她爱自己的母亲，却又恨她不争气；她以长姊真挚的感情，爱着几个异母的弟妹，然而，那个半封建家庭中扭曲了的人际关系却在精神上深深地伤害过她。

林徽因写过一篇题为《绣绣》的小说，讲述了一个名叫绣绣的女孩，她生活在一个错位的家庭里，母亲懦弱，终日在忌恨中郁郁寡欢，父亲冷落母亲，后来娶了新姨娘，有了另一个孩子。绣绣终日在父母无休止的争吵中彷徨、挣扎，她无力改变，也无力逃脱，最后在寒冬的冷风中离开人世。很明显，这个女孩的身上有林徽因童年生活的影子。

多年以后，林徽因异母的弟弟林恒到北平，寄住在林徽因家。恰巧，那时何雪媛和林徽因生活在一起，林徽因待林恒如亲弟，何雪媛却冷若冰霜，可怜林徽因从中周旋，却也无法改变母亲的态度。林徽因写给至交好友费慰梅的信中曾这样倾诉心声：

最近三天我自己的妈妈把我赶进了人间地狱。我并没有夸大其词。头一天我就发现我的妈妈有些没力气，家里弥漫着不祥的气氛，我不得不跟我同父异母的弟弟讲述过去的事，试图维持现有的亲密接触。晚上就寝的时候我已精疲力竭，差不多希望我自己死掉或者根本没有降生在这样一个家庭……那早年的争斗对我的伤害是如此持久，它的任何部分只要重现，我就只能沉溺在过去的不幸之中。

林徽因和母亲多年来一直相依为命，却一直不合。就算在生活极其艰苦的抗战时期，林徽因卧病在床，她们母女也会经常吵架。林徽因曾说过："我自己的母亲碰巧是个极其无能又爱管闲事的女人，而且她还是天下最没有耐性的人。……我经常和妈妈争吵，但这完全是傻帽儿和自找苦吃。"

有人总结林徽因同她母亲的关系：彼此相爱，互不喜欢。

儒雅博学却无法陪伴在身边的父亲，平庸尖刻与自己性情极不相投的母亲，让林徽因的童年和少年生活充满了缺憾和遗憾。虽然她看起来像个不食人间烟火的仙女，却实实在在地经历过人世间最真实、最世俗的痛苦的洗礼。

3．游历欧洲

1919 年，巴黎和会召开，日本要求接收德国在中国山东的权益。4 月 25 日，正在游历欧洲的梁启超给国民外交协会发来电报，称日本将继承德国在山东的权益。得知此消息后，任外交委员会委员的林长民义愤填膺，立刻写了一篇文章《外交警报敬告国民》发表在北京的《晨报》上，他大声疾呼“胶州亡矣！山东亡矣！国不国矣”，“国亡无日，愿合我四万万众誓死图之”。林长民也因此惹得政府高层不满，被迫辞职，后来进入“国际联盟中国协会”工作。

1920年，林长民以“国际联盟中国协会”成员的身份被政府派赴欧洲访问考察，林长民决定携女同行，在走之前他曾将此行的目的通过信件告知林徽因：

> 我此次远游携汝同行。第一要汝多观察诸国事物增长见识。第二要汝近我身边，能领悟我的胸次怀抱。第三要汝暂时离去家庭烦琐生活，俾得扩大眼光，养成将来改良社会的见解与能力。

当时林徽因捧着信，想必心情是极度喜悦而激动的。这样的父亲哪怕在今天也是少见的。带女儿游历欧洲，不为求取学历，只为增长见识，为“养成将来改良社会的见解与能力”。这样放眼看世界的言行和思想，对林徽因的影响是显而易见的。

父女俩赴欧先到英国住下后，林长民独自去法国开了几天会，回来后，便带着林徽因游历欧洲。从法国到瑞士，从意大利到德国，看遍各国的自然风物、人文景观。巴黎街头悠闲的人们和浓郁的艺术氛围，罗马巴洛克风貌的建筑，阿尔卑斯山上终年不化的皑皑白雪，莱茵河的湖畔风情……这一切对于

16 岁的林徽因来说，无疑是一场视觉盛宴，那些异域风情冲击着她的心胸，让她在眼界开阔之余，更感受到这世界的千姿百态。

父女同游瑞士时，林长民曾在访欧的日记中写道："沿湖畔行，隔岸灯火辉煌，馆舍鳞比，盖名区胜地，旅客辐辏之所，太繁盛处，客为湖山之玷。唤船欲渡，徽女惮涉，乃止。"后来林长民独自外出公干时又记："一登车即开车，窗中不及与徽女多数语，殊为惘惘。"从这些细节中，可看出林长民的一片拳拳爱女之心。

他还在日记中描绘了日内瓦湖的风情：

罗山名迹，登陆少驻，雨湖烟雾，向晚渐消；夕阳还山，岚气万变。其色青、绿、红、紫，深浅隐现，幻象无穷。积雪峰巅，于叠嶂间时露一二，晶莹如玉。赤者又类玛瑙红也……晚行较迅。云暗如山，霭绿于水，船窗玻璃染作深碧，天际尚有微明。

林长民的文学功底，一点也不输当时的文学大家。寥寥数语，写尽了所见景色之美。只是他无意从事写作，始终热衷政治，他带着女儿除了参观各地的自然风光和文化古迹，还参观了各地的工厂和报馆。他认为这是中国需要向西方学习的地方，日后可以作为改良的参考。

1920 年 9 月，林徽因以优异的成绩考入了圣玛丽学院。林长民擅长交际，他将很多时间都用在各式应酬上，家里也时常有中国留学生和外国友人到访。这时，长女林徽因自然而然地担当了女主人的角色，负责帮忙接待那些前来拜会父亲的客人。这不是一般的交际，她所结识的是一批中外精英人物：著名史学家 H. C. 威尔斯、小说家 T. 哈代、美女作家 K. 曼斯菲尔德、新派文学理论家 E. M. 福斯特，以及旅居欧洲的张奚若、陈西滢、聂云台（曾国藩的外孙）……林徽因年纪不大，但其落落大方的举止和气质给来客留下了深刻的印象。这也是林徽因社交的开始。

林徽因的起步之高，是与她同时代的很多优秀女性无法企及的。这也让她的见识、她的眼界、她的谈吐，都远远超出了一般人。

当然，林长民热衷应酬带来的一个副作用就是他常常顾不上林徽因。而林徽因除了接待父亲的客人之外，更多的时间是一个人待在伦敦的寓所里，偎在壁炉旁，一本接一本地阅读英文书刊——培华女子中学的英文教育让她不怎么费力就能自如地阅读英文刊物。

她读维多利亚时代的小说，读丁尼生、霍普金斯、勃朗宁的诗歌，读萧伯纳的剧本……这些书陪伴她度过了很多寂寞的时光，也引领她进入了一个美妙梦幻的文学世界。她一生都保持了阅读与写作的习惯，即使在后来病重时，也以写诗来排遣绝望的心情。

除了文学，林徽因也开始对建筑感兴趣，并就此定下了学建筑的志向，后来她更是为建筑耗尽了全部的心血，至死方休。

关于林徽因最初是如何了解并喜欢上建筑学的，众说纷纭。

林徽因的堂弟林宣曾提到，林徽因在英国伦敦时的女房东是一位建筑师，她一生未嫁，将所有的青春都奉献给了建筑，对建筑有着很深的情感。林徽因对此十分触动，和她成了朋友，平时房东画图的时候，林徽因常常会主动帮忙。因受这位女房东的影响，林徽因迈进了建筑学的大门。

但是费慰梅女士在《梁思成与林徽因》一书中写道："好多年以后，他（梁思成）告诉我，她（林徽因）在伦敦有一个同学，能花好几个小时在画板上画房子。徽因很喜欢。她的朋友在紧迫的询问下描述了建筑这个职业。徽因当即就确定这正是她所要的事业，一种把艺术创造和实际用途结合起来的事业。"林徽因的女儿梁再冰也提到林徽因是在英国的圣玛丽学院的一位女同学那里认识了建筑，并开始对建筑感兴趣。

而林与舟先生在其编著的《梁思成的山河岁月》一书中说："1921 年 8 月，他（林长民）让林徽因跟随柏特烈医生一家到英国南部的海滨小城市布莱顿度假，也是在那里，林徽因首次接触了'建筑'这门艺术。"

以上三种说法到底哪一种最为正确，还有待考证。但我们可以确定的是，她的确是在英国接触到并喜欢上建筑的，所以她才会一回国就告诉梁思成她要学建筑。梁思成曾在回忆文章中写道："我当时连建筑是什么都不知道，徽因告诉我，那是融艺术和工程技术为一体的一门科学。因为我喜欢绘画，所以也选择了建筑专业。"

由此，我们可以说，林徽因是梁思成从事建筑学的推动者，而没有梁思成，中国建筑学新纪元的出现可能还要晚几年，中国人也不会有国人著述的《中国建筑史》。

仅此一点，我们也不应该只谈论林徽因在文学上的建树，而忽视她对于中国建筑学界的特别贡献，以及她作为中国第一位女建筑师的身份。

第二章　康桥之恋

我认为遇到最愉快的事都是一闪亮的，在一段较短的时间内，迸出神奇的——如同两个人透彻的了解：一句话打到你心里，使得你理智和感情，全觉到一万万分满足；如同相爱：在一个时候里，你同你自身以外另一个人，互相以彼此存在为极端的幸福；如同恋爱：在那时那刻，眼所见，耳所听，心所触，无所不是美丽，情感如同诗歌自然地流动，如花香那样不知其所以。

——林徽因写给沈从文的信

1. 遇见徐志摩

初到英国时，林徽因会时常怀念北京的日子，怀念母亲，怀念表姐妹们。后来她在给好友沈从文的信中回忆伦敦岁月，这样说道：

我独自坐在一间顶大的书房里看雨，那是英国的不断的雨。我爸爸到瑞士国联开会去，我能在楼上嗅到楼下厨房里炸牛腰子同洋咸肉。到晚上又是在顶大的饭厅里（点着一盏顶暗的灯）独自坐着（垂着两条不着地的腿同刚刚垂肩的发辫），一个人吃饭，一面咬着手指头哭——闷到实在不能不哭！理想的我老希望着生活有点浪漫的发生，或是有个人叩下门走进来坐在我对面同我谈话，或是同我同坐在楼上炉边给我讲故事，最要紧的还是有个人要来爱我。我做着所有女孩做的梦，而实际上却是天天落雨又落雨，我从不认识一个男朋友，从没有一个浪漫聪明的人走来同我玩。

大约就在这个时候，徐志摩出现了。一个会坐在楼上炉边给她讲故事，会爱她且浪漫聪明的人出现了。尽管徐志摩的外在形象不符合她的浪漫想象，但仍给了她极为重要的陪伴。

徐志摩是个天之骄子，浙江海宁硖石人，他的父亲徐申如在沪杭金融界有着相当的实力和地位。他出国前在北京大学攻读法政专业时，其内兄张君劢介绍他拜梁启超为师。1918 年，徐志摩赴美留学，一开始他遵从父命，在哥伦比亚大学攻读经济学。可后来发现，他对经济学、金融债券等没有丝毫兴趣，却喜欢研读西方文学、哲学、社会学、政治学等方面的著作。他尤其崇拜英国哲学家、剑桥大学的教授罗素。于是他放弃唾手可得的博士学位，1920 年 10 月从美国转学到英国来，打算追随罗素。然而他到了英国才知道，罗素已离开剑桥，到中国讲学去了。徐志摩扑了个空，便被迫转学到伦敦经济学院。

1920 年 11 月，同在伦敦经济学院留学的江苏籍学生陈西滢，带着徐志摩到林长民的公寓拜访，陈西滢介绍说："这位叫徐志摩，浙江海宁人，在经济学院从赖世基读博士学位，敬重先生的道德文章和书法艺术，慕名拜访。"

在伦敦游历的林长民，一直是留学生眼中的名流，也热衷和这些中国未来的精英分子们交往。当时他对这个高高瘦瘦、皮肤白皙、镜片后面闪动着迷离目光的青年颇有好感。

费慰梅曾在文章中这样评价徐志摩：

过去曾经吸引过梁启超的那些性格特征仍然明显。这就是他的辨别力、他的魅力、他的爆发力、他的幽默、他的创造热情以及他的戏剧性的表现。而使他出名的最重要的还是他那不可思议的本领，他能够发现和吸引同类人，并在周围的人们中唤起新的观念、新的抱负，当然还有新的友情。

徐志摩和林长民是同类人，所以徐志摩很快赢得了林长民的友情。两人几乎无所不谈，从时事风云到政治制度，从职业选择到婚姻恋爱。当时罗素在《婚姻与道德》中阐述的爱情观正在英国风靡一时，林长民与徐志摩自然也受到了影响。因此，谈论罗素的爱情观也是他们的话题之一，而两人的观点又是惊人地相似。后来两人开玩笑，玩起了互通“情书”的文字游戏。徐志摩装作一个有夫之妇，林长民则假扮一个有妇之夫，他们假扮彼此在不自由的情况下相爱，互通书信，互诉衷肠。

1925 年林觉民遇难后，徐志摩为纪念这段逸事，在北京《晨报 · 副刊》发表了林觉民的《一封情书》，还为此写了附记。

徐志摩在《一封情书 · 附记》中提到，两人之所以会玩这种游戏是“彼此同感‘万种风情无地着’的情调”。这就如同钱玄同和刘半农在《新青年》上为引起社会对革命文学的关注，而假装相互批驳演的一出“双簧”一样。满腹才学一腔热血，纵然在中国政治舞台上八面玲珑，始终觅不得自己施展才能的空间，所以“万种风情无地着”，徐志摩很欣赏林长民的这句诗，也很懂得林长民的这种感受，甚至与林长民颇有英雄相惜之感。他们“互通情书”只是排遣内心苦闷的一种方法而已。

徐志摩与林徽因第一次见面时对彼此印象都不深刻，毕竟徐志摩“属意是在于父亲而不是女儿”。那时徐志摩已经有妻有子，16 岁的林徽因当时险些管比她大七岁的徐志摩叫“徐叔叔”，而且当时徐志摩一腔热忱都在西方政治制度和哲学艺术上，无暇于儿女情长。但随着和林长民交往的深入，徐志摩渐渐发现，这个梳着两条小辫的姑娘，不仅外表美丽，有大家闺秀的气质，而且才情出众，谈吐不凡。

他们常常一起谈论各地见闻、风土人情、文学艺术等等。尤其是文学，让两个人有着说不完的话题。徐志摩那种与生俱来的浪漫不羁的诗人气质，尤其在他阅读了济慈、华兹华斯、拜伦、雪莱、哈代、艾略特等著名诗人、作家的作品，内心开始澎湃起一种浪漫主义的激情后，越发有吸引力。而此时的林徽因恰巧也正沉醉在西方的诗歌世界里，在与徐志摩的谈话中，她更深切地感受到西方思想和语言的巨大冲击。

费慰梅曾在文章中写道：“在多年以后听她（林徽因）谈到徐志摩，我注意到她的记忆总是和文学大师们联系在一起——雪莱、济慈、拜伦、凯瑟琳·曼斯菲尔德、弗吉尼亚·沃尔夫以及其他人。在我看来，在他的挚爱中他可能承担了教师和指导者的角色，把她带入英国的诗歌和戏剧的世界，以及那些把他自己也同时迷住的新的美、新的理想、新的感受。”

冬天的伦敦阴冷潮湿，雨雾连绵，林长民外出应酬，徐志摩和林徽因坐在林寓起居室的壁炉前，谈起两人最喜欢的诗歌，兴之所至两人还会背诵某一个片段，谈论诗歌里精妙的字词，谈论作家的经历，谈论爱与自由。在这样的聊天里，林徽因笑靥如花，徐志摩目光灼灼，徐志摩带领林徽因进入了一个华彩无比的文学殿堂，林徽因给了徐志摩一个青春少女最真诚的理解与崇拜。

虽然林徽因后来做了别的选择，但因为这一段交往，林徽因终其一生都尊敬且爱戴着徐志摩。只不过林徽因也在这段交往里，清醒地认识到自己和徐志摩之间的距离。多年以后，林徽因曾对自己的儿女说："徐志摩当初爱的并不是真正的我，而是他用诗人的浪漫情绪想象出来的林徽因，而事实上我并不是那样的人。"

其实林徽因一直是理性的，她早早就知道真实的家庭生活是怎样的；而徐志摩是感性的，他的爱与恨、热情与冷漠往往不是出于客观事实，而是出于他的主观感受和强烈的偏见。对妻子张幼仪他就是如此。在他眼里，张幼仪始终只是一个守旧、木讷、依附着丈夫的传统女性，所以他排斥她，甚至厌恶她。

1921 年春天，张幼仪来到英国和徐志摩团聚。关于这次团聚，张幼仪后来这样回忆当年徐志摩在港口接她的神情：

我斜倚着船舷，不耐烦地等着上岸，然后看到徐志摩站在东张西望的人群里，就在那时候，我的心凉了一大截……他是那堆接船的人当中唯一露出不想到那儿去的表情的人。

其实，张幼仪远赴英国去和徐志摩团聚时，也是曾打算在英国学习西学的。在《小脚与西服》中，张幼仪说："我知道自己虽是旧式女子，但是若有可能，我愿意改变。我毕竟人在西方，我可以读书求学，想办法变成饱学之士，可是我没法子让徐志摩了解我是谁，他根本不和我说话。我和我的兄弟可以无话不谈，他们也和徐志摩一样博学多闻，可是我和自己的丈夫在一起的时候，情况总是‘你懂什么’‘你能说什么’。”

那时候的徐志摩已经通过林长民认识狄更生，又经狄更生介绍，从伦敦经济学院转到剑桥皇家学院学习。张幼仪随着他从伦敦到了剑桥附近的沙士顿小镇定居下来，但只充当着徐志摩保姆的角色，照顾着徐志摩的生活。其间，徐志摩从来没有试图了解张幼仪。张幼仪也曾想着和徐志摩一起到附近的康桥散一散步，但一次也没有成行。

在世人眼中，康桥漫步大概是属于徐志摩和林徽因的，一对才子佳人，在康河的船中吟诗；在剑桥大学中徜徉，一齐聆听诗人、作家、艺术家的讲座；在眸子比星光更亮的夜晚，在茵茵碧草与温柔水波之间，两人在康桥上，一个絮絮表白，一个害羞沉默……但事实上，鉴于伦敦到剑桥的距离，鉴于两人各自的时间线，他们漫步康桥的次数应该并不多。

不过林徽因在1931年写过一首诗《那一晚》，被认为是对这一段感情的回溯：

那一晚我的船推出了河心，
澄蓝的天上托着密密的星。
那一晚你的手牵着我的手，
迷惘的星夜封锁起重愁。
那一晚你和我分定了方向，

两人各认取个生活的模样。

到如今我的船仍然在海面飘，
细弱的桅杆常在风涛里摇。
到如今太阳只在我背后徘徊，
层层的阴影留守在我周围。
到如今我还记着那一晚的天，
星光、眼泪、白茫茫的江边！
到如今我还想念你岸上的耕种，
红花儿黄花儿朵朵的生动。

那一天我希望要走到了顶层，
蜜一般酿出那记忆的滋润。
那一天我要挎上带羽翼的箭，
望着你花园里射一个满弦。
那一天你要听到鸟般的歌唱，
那便是我静候着你的赞赏。
那一天你要看到凌乱的花影，
那便是我私闯入当年的边境！

从诗中，略微可以看出，林徽因拒绝了徐志摩。她或许有心动，有甜蜜，有喜悦，但没有接纳这份感情。

林长民是一个开明的父亲，对于徐志摩对林徽因的追求，并没有提出特别明确的反对，但他安排了林徽因于1921年夏天离开伦敦，跟随他的英国好友柏特烈医生一家前往英国南部小城布莱顿度假，一直待到9月。

林长民曾在信中说：

得汝来信，未即复。汝行后，我无甚事，亦不甚闲，匆匆过了一个星期，今日起实行整理归装。“波罗加”船展期至十月十四日始行。如是则发行李亦可少缓。汝如觉得海滨快意，可待至九月七八日，与柏烈特家人同归。

……

八月二十四日父手书

等到10月开船的日期到了，林长民便带着林徽因回国了，走之前，他并没有告诉徐志摩。

以林长民的角度看来，他仍旧欣赏徐志摩，毕竟在此之后，两人的友情并没有受到影响。但他不会欢迎徐志摩做他的女婿，他深切地知道，若想让女儿生活幸福，徐志摩不是最佳选择。

2. 真正的康桥之恋

从1920年冬天到1921年夏天，徐志摩心中那团对林徽因的爱恋之火越烧越旺，烧得他几乎无法继续维持和张幼仪的婚姻。

有一种传闻，徐志摩在1921年初夏开始苦苦追求林徽因，而林徽因提出，徐志摩必须离婚才能和她相爱。于是，徐志摩才向张幼仪提出了离婚，那时张幼仪已经怀孕。

然而以林徽因当年的年龄、所受的家教以及本身的性格来说，怕是不会说出这样的话或写出这样的信来。而更接近事实的或许是林徽因拒绝了徐志摩，而徐志摩自认为他遭到拒绝的原因是他有家室。

多年以后，生病卧床的林徽因在香山养病期间——

听到一段当我还是个小姑娘时在横渡印度洋回家的船上所熟悉的乐曲——好像那月光、舞蹈表演、热带星空和海风又都涌进了我的心底，而那一小片所谓的青春，像一首歌中轻快而短暂的一瞬，幻影般袭来，半是悲凉，半是光彩，却只是使我茫然。

她与徐志摩之间，大概就是那一小片所谓的青春——半是悲凉，半是光彩，使她茫然。若要认真分析起来，他们俩本就是两类人。像所有那个时代的新青年一样，徐志摩一开始是满怀着实业救国的爱国热忱和理想赴美留学的，后来深入了解了美国的工业状况和工人的低薪长工时的悲惨处境，他又不满实业，想要政治救国。当时他最感兴趣的是哲学和政治，他和林长民和其他名流谈论最多的也是西方的政治制度。

在英国，徐志摩除了和林家父女相处，还结交了不少当地名流，比如著名作家威尔斯、狄更生，艺术家傅来义（罗杰·弗莱），汉学家魏雷，后又认识了文艺批评家欧格敦，又在欧格敦的介绍下，结识了偶像罗素。他还拜访过小说家曼斯菲尔德，并与萧伯纳、福斯特、康拉德等人相识。总之在1921到1922年间，广交名流是徐志摩的生活中极其重要的一部分。他的政治观、艺术观和人生观在那个时间段甚至都还没有真正形成。他也没有对自己的人生、对以后的职业生涯形成清晰的认识。在林徽因决定学建筑并打算以此为终生职业时，徐志摩还在迷茫中徘徊。

这一方面，他远不如林徽因笃定和理性。林徽因选择建筑，因为建筑将艺术创造和日常生活需要融于一体，而徐志摩此后则一直在艺术这条路上狂奔。他浪漫，林徽因务实。他感性，林徽因理性。他追求艺术的至高境界，追寻极致的美，而林徽因的双脚从来都是稳稳地站在生活里，张望着艺术。两人志不同，也并不互补。

徐志摩若崇拜一个人，那这个人的形象在他眼中便像加了一层滤镜。在他眼里，名声不佳、行径近乎疯狂的罗素是一个对抗旧礼节、旧传统的英雄。

已婚的罗素邂逅了女性主义作家、社会活动家布莱克，并对她一见钟情，便提出和妻子史密斯离婚。尽管史密斯答应了罗素的分手要求，但按照当时的法律规定，离婚当事人必须证明对方曾“犯错”，法院才会准许离婚。为了离婚，罗素不惜自污名誉，刻意制造自己出轨的证据，并交给了妻子史密斯的律师，法院这才准许离婚。

罗素的行为深深地影响了徐志摩，或者说为徐志摩以后的行为提供了借口。甚至他还想到了浪漫主义诗人雪莱。雪莱也抛弃了原配，和时年 17 岁的大才女玛丽·葛德温私奔。

徐志摩拿别人的例子来给自己壮胆，显然他在面临外界与心理压力时，也曾手足无措。然而不管他内心经历过怎样的挣扎，不管他有多么冠冕堂皇的理由，不管那个时代多么怪诞，以至于谈离婚成为一种潮流，他对待张幼仪的粗暴与冷酷都是不可原谅的。

徐志摩在向张幼仪提出离婚时，甚至玩了一场“失踪”。怀着身孕的张幼仪不得不独自投奔她在巴黎的二哥张君劢，然而张君劢正在求学期间，难以照顾妹妹，张幼仪先是随两位友人在乡下住了四个月，在怀有八个月身孕的时候，被七弟接到了德国柏林。“1922 年 2 月 24 日，我生下第二个儿子。生产的时候，没人在我身边……病房里就我孤零零一个人。七弟连看都没来看我，因为他认为产妇的房间不是男人去的地方。”张幼仪这样讲述当年的悲惨境况。

在她刚刚生产完回到居所的时候，接到了徐志摩的一封信，信上说：“真生命必自奋斗自求得来，真幸福亦必自奋斗自求得来，真恋爱亦必自奋斗自求得来！彼此前途无限……彼此有改良社会之心，彼此有造福人类之心，其先自作榜样，勇决智断，彼此尊重人格，自由离婚，止绝痛苦，始兆幸福，皆在此矣。”信中通篇“彼此”，他以空洞华丽的言辞道德绑架了张幼仪，却只字未提孩子。

在张幼仪答应和徐志摩离婚并签了离婚文件之后，徐志摩才去看刚刚生下的孩子，“他爱意盎然地看着我们的儿子，却始终没问我要怎么养他，他要怎么活下去，徐志摩像是没留意到我是孩子的妈似的，赞叹我们的儿子时都没转过头来瞧我一次”。徐志摩的无情和冷漠重伤了张幼仪，张幼仪自此蜕变成一个自立、自强、精明能干的新女性。但她对徐志摩始终存着一份情感，两人离婚后一直保持着联系，像朋友似的相处，一直到徐志摩去世。张幼仪的兄弟们也一直对徐志摩非常欣赏，即便徐志摩提出和张幼仪离婚时，张幼仪的二哥张君劢的反应也不是愤怒而是“如丧考妣”，两人的交情似乎也没受此事的影响。而她的八弟，是新月派诗人，对徐志摩更是崇拜，甚至参加了徐志摩和陆小曼的婚礼，可见徐志摩的魅力之大。

张幼仪有一段非常著名的话：“你总是问我爱不爱徐志摩。你晓得，我没办法回答这问题。我对这问题很迷惑，因为每个人总是告诉我，我为徐志摩做了这么多事，我一定是爱他的。可是，我没办法说什么叫爱，我这辈子从没跟什么人说过‘我爱你’。如果照顾徐志摩和他的家人可称为‘爱’的话，那我大概是爱他吧。在他一生当中遇到几个女人里面，说不定我最爱他。”

虽然很多人为这段话感动，但不得不承认，徐志摩没有给过张幼仪爱，张幼仪也从没进入过徐志摩的心灵世界，她始终不懂徐志摩，徐志摩也没有把至真至纯至情至性的一面向她敞开过。

徐志摩那么迫切地离了婚，但并没有在离婚之后立刻回国追随林徽因。事实上，他又在英国待了半年之久。这半年时间，有人说他是因为想要拿到学位，有人说他是在等林徽因的回复，然而读徐志摩的诗和散文，就会发现，这半年时间，是徐志摩和康桥真正结缘的时间，也是徐志摩诗情迸发的时间。

林徽因回国后，徐志摩时常被一种深沉的孤寂缠绕着，他在文章中写道："单独是一个耐寻味的现象。我有时想它是任何发见的第一个条件。你要发见你的朋友的'真'，你得有与他单独的机会。你要发见一个地方（地方一样有灵性），你也得有单独玩的机会。"

于是，在那些清晨，那些黄昏，徐志摩单独地面对康桥，徜徉于康河岸边，他发现了大自然的美、康桥的美：

看一回凝静的桥影，
数一数螺钿的波纹，
我倚暖了石阑的青苔，
青苔凉透了我的心坎
……

他不知不觉开始了"分行的抒写"，开始把从大自然捕捉到的美用诗歌的形式表达出来：

难忘七月的黄昏，远树凝寂，
像墨泼的山形，衬出轻柔暝色，
密稠稠，七分鹅黄，三分橘绿，
那妙意只可去秋梦边缘捕捉
……

徐志摩在康桥徘徊，在孤独中发掘着自己的内心。他曾说，“我的眼是康桥教我睁的，我的求知欲是康桥给我拨动的，我的自我意识是康桥给我胚胎的。”正是康桥，撩拨了他性灵中诗意的内核，唤醒了久蛰在他心中的诗人的天命。

但徐志摩是在求爱林徽因无果之后，在痛苦与孤独中，面对着康桥，才有了这一份诗情，才成了“诗人徐志摩”。世人想象中的“康桥之恋”是徐志摩与林徽因的恋情，而真相却是徐志摩与诗歌的相恋。

在徐志摩的《猛虎集》序中，他曾写道：

说到我自己的写诗，那是再没有更意外的事了。我查过我的家谱，从永乐以来我们家里没有写过一行可供传诵的诗句。在二十四岁以前我对于诗的兴味远不如对于相对论或民约论的兴味。我父亲送我出洋留学是要我将来进金融界的，我自己最高的野心是想做一个中国的Hamilton！在二十四岁以前，诗，不论新旧，于我是完全没有相干。我这样一个人如果真会成功一个诗人——哪还有什么话说？

……

整十年前我吹着了一阵奇异的风，也许照着了什么奇异的月色，从此起我的思想就倾向于分行的抒写。

《猛虎集》出版于1931年8月，而十年前的1921年，正是他求爱林徽因无果的时间，而“奇异的风”“奇异的月色”又所指为何呢？

3. 梁林结缘

林徽因回国后，继续在培华女中学习。她和父母居住在北京景山后街的雪池林寓，梁思成是这里的常客。年轻的梁思成相貌清秀，文质彬彬，有一种沉静内敛的气质，很得林父林母的喜欢。

他那时在清华学堂读书，成绩优异，才气逼人，学过小提琴、钢琴，是校歌咏队队员、管乐队队长。他是校美术社的骨干，担任校刊的美术编辑。他的钢笔画用笔潇洒、简洁清新。他对美术的爱好是他后来学建筑的原因之一。他还是清华学堂有名的足球健将，也在全校运动会上得过跳高第一名。他的体操也十分出色，单杠、双杠技巧在同学中出类拔萃。在父亲的支持和帮助下，他还与同班同学吴文藻、徐宗漱一起用大半年的时间翻译了威尔斯的《世界史纲》，可见其英文水平。无论是从家世还是从学识来说，梁思成与林徽因都是很相配的。

当然，他们之间的交流也是十分愉快和默契的。相似的爱国情怀，相似的国学底蕴，相似的见识，甚至相似的社交圈，让两人并不缺少话题。梁思成虽然话不多，但很有幽默感，他轻松而不失身份的自嘲，常常让林徽因忍俊不禁。

尽管两人的好友费正清曾在《中国回忆录》中写过：“作为两位受人尊敬的社会名流的子女，梁思成与林徽因之间的婚姻部分原因是为了取悦他们的父辈。”但两人之间的感情也是十分真挚的。

梁思成曾说过他第一次拜访林徽因，就受到了她的影响转而学建筑。按逻辑推算，仅仅是他与林徽因的第二次见面，林徽因就对他产生了如此重大的影响，她在他心里的分量也就不言而喻了。

至于林徽因对梁思成的感情，费慰梅曾在书中写道，主动谈订婚的是林家父女，梁启超的建议是待两人完成学业再订婚，所以才推迟了日期。以林长民的爱女之心，也断不会在林徽因不同意的情况下主动提订婚，可见林徽因也是认定了梁思成。

1922 年 10 月，徐志摩回到国内，据说亲自去拜访过林长民，得知了林梁二人约定婚姻的消息后，曾一度消沉，但他又从另外的渠道得知，两人并没有举办正式的订婚仪式，于是心中又燃起了希望。

1922 年 11 月，徐志摩连续两天在《新浙江报》发表《徐志摩、张幼仪离婚通告》，原文如下：“我们已经自动挣脱了黑暗的地狱，已经解散烦恼的绳结……欢欢喜喜地同时解除婚约……”语气之中充满了欢欣，丝毫没提张幼仪的痛苦。徐志摩像是一个无法共情的人，片面宣告了自己的自由。

之前，林徽因与徐志摩的事情在留学生圈子里闹得沸沸扬扬，梁启超自然也知情，他对徐志摩离婚、回国很是不安，怕他又做出什么过分的事情。为此，他在 1923 年伊始，以老师的身份，就徐志摩同张幼仪离婚一事写了一封长信，批评了徐志摩的做法，言辞颇为严厉。

信中写道：

其一，万不容以他人之苦痛，易自己之快乐。弟之此举，其于弟将来之快乐能得与否，殆茫如捕风，然先已予多数人以无量之苦痛。

其二，恋爱神圣为今之少年所乐道。……兹事盖可遇而不可求。……况多情多感之人，其幻象起落鹘突，而得满足得宁帖也极难。所梦想之神圣境界恐终不可得，徒以烦恼终其身已耳。

呜呼志摩！天下岂有圆满之宇宙？……当知吾侪以不求圆满为生活态度，斯可以领略生活之妙味矣。……若沉迷于不可必得之梦境，挫折数次，生意尽矣，郁悒侘傺以死，死为无名。死犹可也，最可畏者，不死不生而堕落至不复能自拔。呜呼志摩，可无惧耶！可无惧耶！

“最可畏者，不死不生而堕落至不复能自拔。”梁启超对徐志摩的个性与困境洞若观火，但徐志摩却对梁启超的劝诫不以为然，他回信道：

我之甘冒世之不韪，竭全力以斗者，非特求免凶残之苦痛，实求良心之安顿，求人格之确立，求灵魂之救度耳。

人谁不求庸德？人谁不安现成？人谁不怕艰险？然且有突围而出者，夫岂得已而然哉？

将于茫茫人海中访我惟一灵魂之伴侣；得之，我幸；不得，我命，如此而已。

……①

1923 年春天，徐志摩在北京办起了俱乐部，编戏演戏，逢年过节举行年会、灯会，也吟诗作画。徐志摩出于对印度诗人泰戈尔一本诗集《新月集》的兴趣，提名借用“新月”二字为社名，新月社便因此而得名，一时间名流云集，林徽因也常常参加新月社的活动。

其间，徐志摩和林徽因自然是少不了碰面的，但这并没有影响林徽因与梁思成的感情。1923 年 5 月 7 日，梁思成、梁思永兄弟二人要去长安街与同学们会合，参加北京的“二十一条”国耻纪念日。梁家的宅院位于南长街，梁思成骑着摩托车，梁思永坐在后座，向长安街驶去。刚骑到南长街口，一辆小汽车急驶而来，从侧面撞上了梁家兄弟的摩托车。摩托车被撞翻了，梁思成被压在摩托车下面，昏了过去，梁思永被摔出去很远。

这是北洋政府高官金永炎的汽车，他是大总统黎元洪的亲信、陆军部次长。金永炎坐在汽车里目睹了自家司机肇事的全过程，却扬长而去。梁思永发现梁思成已昏迷不醒，顿时忘了自己的伤痛，他飞快地跑回家求救。家人把梁思成接回家，迅速请来了医生。医生检查后，诊断梁思成没有性命危险，只是左腿断了，建议立即送医院。

当时，中国的西医还十分落后。医院最初诊断，梁思成的

① 文字出自胡适《追悼志摩》——编者注

腿伤不需要动手术，养一段时间就会好。但实际上梁思成的左腿股骨头复合性骨折，脊椎挫伤，一个月内就动了三次手术。因为这个原因，梁思成的左腿比右腿短了1厘米，跛足和由于脊椎受伤而装设背部支架的痛苦从此伴随了他一生。

林徽因在事发几个小时后得到了消息，急忙赶到协和医院。接着，林长民和夫人也匆忙赶到医院，林梁两家人从中午一同守护到晚上。

梁思成住院期间，林徽因用心照顾梁思成，细心地喂饭、喂药，帮他擦汗、翻身。坐在一旁的梁思成的母亲李蕙仙却眉头紧锁，面有怒色。她出身官宦之家，兄长曾任光绪年间的礼部尚书。在她看来，梁思成受伤卧病在床、衣冠不整，大家闺秀应该低眉敛目、小心回避才是，毕竟两人尚未结婚。手术后，虚弱的梁思成在林徽因的帮助下每翻动一次身子，便会出一身汗。当林徽因用湿毛巾给梁思成的脖子和胸口擦汗时，李夫人就会气冲冲地走上前去把毛巾抢过来。

不过处于热恋中的梁思成和林徽因似乎顾不上李夫人的感受，一个眼神、一个表情就能懂得彼此的心意，梁启超在一旁观察着，倒是彻底放心了。

天气渐热，梁思成的腿上打着石膏，腰背上缠着绷带，躺在床上难以翻身，更不能下地，养病的时间漫长而又煎熬。林徽因为了转移他的注意力，给他读小说，背新诗，讲同学和弟妹间的趣事。梁思成虽然身体还不能活动，但是精神一直很愉悦，甚至还会和住同一间病房的弟弟梁思永斗气。

梁启超在给大女儿梁思顺的信中写道："前两天我去看他

们，思永嘴不能吃东西，思成便大嚼大啖去气他。思成腿不能动，思永便大跳大舞去气他。真顽皮得岂有此理。”

不过，轻伤的梁思永很快出院了，梁思成则在病房里住了近两个月，林徽因也陪伴了梁思成两个月。这场意外检验了林徽因对梁思成的感情，梁启超兴奋地给女儿梁思顺写信，得意之情溢于言表：“老夫眼力不错罢。徽因又是我第二回的成功。”第一回的成功，则是他给女儿思顺选择的乘龙快婿——周希哲，也让他得意了一阵。周希哲时任中国驻菲律宾大使馆总领事，后来任驻加拿大大使馆总领事。梁启超认为，由他留心观察、看好一个人，然后介绍给孩子，最后由孩子自己决定，“这真是理想的婚姻制度”。

梁启超担心梁思成荒疏了学业，为他安排了住院疗伤期间的学习计划。由于此次车祸，梁思成延迟了赴美学习的时间，而弟弟梁思永以及与他同届的梁实秋、吴文藻等人则如期启程赴美。在这一年里，梁思成在父亲的指导督促下，较系统地悉心研读了一批国学典籍。后来，梁思成曾回忆道：“我非常感谢父亲对我在国学研习方面的督促和培养，这对我后来研究建筑史打下了基础。”

而同年，林徽因从培华女子中学毕业，考取了赴美半官费留学的资格。她剪去了辫子，留着当时女大学生流行的发式：齐耳的短发轻微地烫过，头发蓬松地覆着前额，文雅秀气却又不失端庄大方。

4. 蔚蓝与碧绿

梁实秋曾在一文中这样提到徐志摩：

我初次见到他是通过同学梁思成的介绍以清华文学社名义请他到清华演讲，这是民国十一年秋的事。他的讲演“艺术与人生”虽不成功，他的丰采却是很能令人倾倒。梁思成这时候正追求林徽音小姐，林长民的女儿，美貌颀颀，才情出众，二人每周要约的地点是北海公园内的松坡图书馆。徐志摩在欧洲和林徽音早已交往，有相当深厚的友谊。据梁思成告诉我，徐志摩时常至松坡图书馆去做不受欢迎的第三者。松坡图书馆星期日照例不开放，梁因特殊关系自备钥匙可以自由出入。梁不耐受到骚扰，遂于门上张一纸条，大书：Lovers want to be left alone.（情人不愿受干扰）。志摩只得怏怏而去，从此退出竞逐。

在众人叙说或回忆林、梁、徐三人的这场情感纠葛时，只有梁实秋提到了梁思成的表态。而梁思成似乎也只表过这一次态。

徐志摩回国之后，情场不得意，在事业上也不如意，虽然结交了胡适等人，可因为轻率地批评郭沫若的一首新诗，卷入文学界派别的纷争，招致几位文人的炮火，后来又因为推崇象征主义和语言表达上的虚玄风格招致鲁迅等人的讽刺和挞伐。他为此困扰了很久，后来邀请狄更生和傅来义访华，又没有成功。在一连串不如意中，他得知泰戈尔有意来华，而讲学社也有意邀请，非常兴奋。讲学社是梁启超联合蔡元培、林长民等人创办的团体，每年都会邀请西方学者来华。讲学社把迎接招待泰戈尔的准备事务交给徐志摩。也因为这次事件，他和林徽因又开始了频繁的联系。

1924 年 4 月 12 日，泰戈尔一行抵达上海，徐志摩专程到上海去迎接，细心安排了泰戈尔的行程，陪他游览杭州，为他翻译演讲稿。徐志摩崇拜一个人时，便会把这人推崇到极致。4 月 23 日上午，泰戈尔在徐志摩的陪同下抵达北京，前来迎接的人群站成一排，个个神情肃然。这是一支文化名人的队伍，梁启超、蔡元培、胡适、蒋梦麟、梁漱溟、辜鸿铭、熊希龄、范源濂、林长民等，悉数在列。当然，也有林徽因。林徽因的文学世界是徐志摩帮她打开的，她对泰戈尔的崇拜并不亚于徐志摩。她为见泰戈尔精心打扮，浅色的中式上衣，深色长裙，搭配一条精致的毛衣链，整个人看上去素洁淡雅，气质出众。徐志摩站在泰戈尔身边，看到这样的林徽因，心潮起伏，感慨万千。

泰戈尔在北京活动期间，林徽因与徐志摩共同担任向导。4 月 25 日，两人还有其他名流一起陪同泰戈尔游北海，26 日，游法源寺，27 日游故宫，28 日游天坛……5 月的一天，泰戈尔由林徽因搀扶，徐志摩翻译，登台演讲。当时的一份刊物对此情景有生动的记载：“林小姐人艳如花，和老诗人挟肩而行；加上长袍白面、郊寒岛瘦的徐志摩，有如苍竹松梅的一幅三友图。徐氏翻译泰戈尔的演说，用了中国语汇中最美的修辞，以硖石官话出之，便是一首首的小诗，飞瀑流泉，淙淙可听。”

林徽因、徐志摩一左一右，相伴泰戈尔的大幅照片，登在了当天的许多家报纸上，北京城文化圈内流言四起。想必当时梁思成的心情并不好受，但他仍然以实际行动支持林徽因的“追星”之举。

同年5月8日，是泰戈尔的64岁寿辰，北京的一些文化人为他举办了祝寿会。为了准备更加丰富的活动，新月社成员用英语赶排了泰戈尔的诗剧《齐德拉》。而祝寿会的压轴戏，就是观看新月社同人用英语演出泰戈尔的剧作《齐德拉》。在该话剧表演中，林徽因饰公主齐德拉，张歆海饰阿顺那王子，徐志摩饰爱神玛达那，林长民饰春神伐森塔，而梁思成担任了舞台布景设计。演出开始前，林徽因在幕布前扮演一位古装少女恋望新月，雕塑般的造型呈示出演出团体——新月社。这样的设计理念大概源于林徽因与梁思成的合作，林徽因喜欢创作和设计，而梁思成在赴美学习建筑学之前，最感兴趣的是雕塑。

《齐德拉》取材于印度史诗《摩诃婆罗多》中的故事。齐德拉是马尼浦国王和王后的女儿，也是他们唯一的孩子。她生得不漂亮，国王想立她为储君，从小让她像男孩子一样学习武艺，接受训练。

一天，齐德拉在山中行猎，碰到了邻国王子阿顺那。她对阿顺那王子一见倾心，生平第一次为自己的相貌不美而感到痛苦。她向爱神祈祷，求爱神赐她美貌，哪怕一天也好。爱神被她的虔诚所打动，答应赐给她一年的美貌。齐德拉变成了美女，赢得了阿顺那王子的爱情，如愿以偿与王子结了婚。婚后不久，王子吐露心声，说自己一直在心里爱慕着邻国英武的公主齐德拉。而这时的齐德拉，也早已不耐烦冒充美女。于是，她又向爱神祈祷，请求收回赐予她的美貌。她在丈夫面前显露了真实的形象。

《齐德拉》的部分剧本如下：

齐德拉（林徽因饰）：你是那位带着五把箭的神，爱情的主宰么？

玛达那（徐志摩饰演的爱神）：我就是从创造者心中生出的第一个孩子。我把男人和女人的生命都捆锁在痛苦和快乐的镣铐里！

齐德拉：我晓得，我晓得那痛苦和镣铐是什么样的东西。——你是谁呢，我主？

伐森塔（林长民饰演的春神）：我是他的朋友——伐森塔——季节的王。死亡和衰老把世界拖得形销骨立，但是我跟在他们后面，不断地攻击他们。我是永在的青春。

齐德拉：我向你鞠躬，伐森塔神。

玛达那：美丽的陌生人，你发下了什么重誓？你为什么用忏悔和修行来凋萎你的青春？以这种的牺牲来礼拜爱神是不合宜的。你是什么人，你祈求什么？

齐德拉：我是齐德拉，马尼浦王室的女儿。湿婆天神垂降神恩，应许我的王祖以世代绵延的男储。但是，神旨却没有力量改变我母亲腹中生命的火花——我的天性是这样的坚强，虽然我是一个女子。

玛达那：我知道，因此你父亲把你当作儿子带大了。他教给你拉弓射箭和一切为王的职责。

齐德拉：是的，因此我穿上男装走出深闺。我不懂得女人赢得人心的诡计。我的双手可以拉开强弓，但是我从来没有学过爱神的以目送情的箭法。

玛达那：这是不用学的，美人。眼睛不用教练也会工作，它会知道它做得多好，击中了什么人的心。

齐德拉：……你这征服世界的爱神，还有你，伐森塔，季节的年轻的神，从我年轻的躯体上把天赋的不公和没有吸引力的平凡拿去吧。只要有一天的时间使我绝顶美丽，就像我心中忽然开放的爱一样的美丽。只给我短短一天的完全的美丽，我将用以后的日子来还报你。

玛达那：我答应了你的请求。

伐森塔：不只是短短的一天，而是整整的一年，春花般的魅力将寄托在你的肢体上。

……

玛达那：哎，你这凡人的女儿！我从天库里偷来芳醇的仙酒，把人间的一夜斟到满盈，放在你手里请你饮用——可是我仍然听到这声渴望的呼唤！

齐德拉：（辛酸地）谁饮到这酒了？生命的愿望中最罕有的完满，爱的第一度合一已经赠送给了我，却又从我的紧握中攫走了！这个借来的美丽，这包裹着我的虚伪，将从我身上溜走，也带走了那甜蜜的合一的唯一纪念物，就像花瓣从残花上凋落一般；而那个因极端贫困而羞愧的女人，将日夜地坐着哭泣。爱神啊，这副可诅咒的外表伴随着我，就像一个恶魔把我一切的赏赐——一切我内心所渴望的接吻——都抢走了。

玛达那：哎，你那一夜多么空虚！快乐的小船已经在望，但是波浪不让它挨近岸边。

齐德拉：……我是齐德拉，不是受人礼拜的女神，也不是一个平凡的怜悯的对象，像一只飞蛾可以让人随便地拂在一边。……今天我只把齐德拉献给你，一个国王的女儿。

阿顺那：爱人，我的生命圆满了。

剧终。大红的帷幕迅速落下，台下的观众激动地起身鼓掌，如浪潮般的掌声回荡在礼堂的上方。

林徽因和徐志摩真挚而动情的表演感动了观众，他们的配合很默契。而这样的默契，让梁启超和林长民都心惊肉跳。戏剧性的是，陆小曼当时就坐在台下。徐志摩绝不会想到，在他正苦追林徽因而不得时，另一份缘分已经开启。命运果然奇妙得紧。

梁思成作为这场话剧的布景设计，看完了整部剧，虽然不知他当时是怎样的心情，但林徽因这样的高调惹恼了梁思成的母亲李惠仙和他的姐姐梁思顺，致使两人大力反对林徽因和梁思成的婚事。而林徽因明知自己的举动会让未来的婆婆动怒，仍然执意参加这场活动，一方面是她热爱戏剧，也十分崇拜泰戈尔，这次饰演齐德拉她自然当仁不让，一方面是她也有自己的执拗和小性子，对梁思成母亲的偏见会刻意地反抗。在以后留学期间，她这样的小性子让梁思成吃了不少苦。不过她这样的小性子不是恃宠而骄的胡闹，更多是一种坚持自我、要求平等和尊重的表达方式。

5月20日夜，徐志摩要陪同泰戈尔离开北京奔赴太原。据泰戈尔的秘书恩厚之回忆，当晚徐志摩情绪低落，一直埋头写着什么，然后又把纸团成一团扔掉。直到火车启动，徐志摩才草草写完一段文字，可已经无法交给林徽因。在那段文字里，徐志摩抒发了极端痛苦的心绪，可见他又一次遭到了林徽因的拒绝。而这次拒绝，意味着他再无机会，因为林徽因与梁思成赴美留学的一切手续都办好了。泰戈尔知道事情的始末后，为徐志摩和林徽因写了这样一首短诗：

天空的蔚蓝
爱上了大地的碧绿
他们之间的微风叹了声
唉

第三章　芬芳岁月

如果我的心是一朵莲花，
正中擎出一支点亮的蜡，
荧荧虽则单是那一剪光，
我也要它骄傲的捧出辉煌。
不怕它只是我个人的莲灯，
照不见前后崎岖的人生——
……
算做一次过客在宇宙里，
认识这玲珑的生从容的死，
这飘忽的途程也就是个——
也就是个美丽美丽的梦。

——林徽因《莲灯》

1. 求学宾大

1924 年 6 月，梁思成与林徽因结伴前往美国宾夕法尼亚大学准备报考建筑系，他们到达时已经过了该校春季招生的时间，不得不等待秋季的招生机会。其间，他们又结伴来到康奈尔大学选修相关课程，因为宾夕法尼亚大学采取的是学分制，每门课程只要学分修够便可毕业，并不限定学生学习的学制年限，所以他们希望通过在康奈尔大学选修之后，在秋季入学时能够直接进入二年级或更高年级。

在康奈尔大学里，梁思成选修了户外写生、水彩静物和三角三门课程，这都与他在清华学堂非常喜爱的绘画有关，在这里不过是将往日的兴趣转变成系统的学习培训而已。而林徽因除了选修户外写生之外，还选修了高等代数。林徽因优秀的地方也在此。同代人中，有“才女”之称的不在少数，但能像林徽因这样，把“文艺的和科学的、人文学科和工程技术、东方和西方的、古代和现代的——汇集一身……在许多领域都能达到一般专业者难以企及的高度”的人寥寥无几。

因为选修的课程多，时间紧，所以林徽因和梁思成都格外忙碌。除了周六之外，每天白天几乎都耗费在了课堂上。到了晚上，康奈尔大学会安排各种课外活动，有各科系的学术讲座或者研讨会，还有手风琴或钢琴晚会，两人除了上课又要参加课外活动，所以从早到晚几乎没有多少闲暇时间来独处。他们的留美生活可真算是苦学。

转眼间，他们迎来了宾夕法尼亚大学秋季招生的9月，梁思成和陈植顺利地在建筑系注册入学，而林徽因因为建筑系不招收女生，不得不在美术系注册入学，不过她和梁思成商量后，选修了建筑系的主要课程。

宾夕法尼亚大学是美国的著名学府，隶属常春藤大学联盟，它与哈佛大学和斯坦福大学被认为是全美最好的三所大学。这里的学术气息浓厚，当时由著名的法国建筑师保尔·P. 克雷（1876—1945）负责建筑学研究院的教学工作。他主持设计的华盛顿泛美联盟大厦、联邦储备局大厦和底特律美术学校等建筑，曾获得过多个奖项。

最初的新鲜和激动过去之后，学习生活就成了日复一日单调的重复和循环。据调查，当时建筑系的专业课程设置有素描画、水彩画、建筑设计、建筑绘图、建筑史、油画史、雕塑史、画法几何学、透视学、建筑结构力学、木工、石工、建筑环境学、采暖通风、英文写作、英国文学史、初级法语、代数、微积分等二十多门学科，每周光上课时间就将近四十个小时。如果加上建筑系学生课外的大量绘图练习，每周学习时间近六十个小时。可见当时课业之繁重。梁思成迅速适应了这种刻板的学习生活，他素来有笃学不倦的品质，建筑学又是他的兴趣所在，所以他学得格外投入。林徽因在美术系的课程也不轻松，她并没有像梁思成那样深厚的美术功底，在绘图练习上吃了不少苦头，不过好在她悟性很强，对线条和色彩格外敏感，很得老师的喜欢，学习成绩也十分优秀。

林徽因和梁思成到宾夕法尼亚大学不久，梁思成母亲病逝，梁思成即使往回赶，也需要一个多月的时间，梁启超给儿子发来电报，让他安心学习，不必赶回，一切后事由国内亲人照料。梁思成的母亲十分反感林徽因，她的去世，虽然让梁思成伤透了心，可在客观事实上，阻挠梁思成和林徽因在一起的最大因素也不存在了。但两人没有进入甜蜜的恋爱中，反而一次次爆发争吵。在梁思成看来，他比林徽因大，自然有保护她的责任，这种保护免不了有干涉她自由的意味，而林徽因受新思想影响比较深，渴望平等和自由，自然不服梁思成的“保护”。

他们争执、怄气，说对方最不愿意听的话，然后和好如初，然后又是新的争执。饱受感情折磨的梁思成在给亲人的信中倾吐了自己的痛苦，他给大姐梁思顺写道：“感觉着做错多少事，便受多少惩罚，非受完了不会转过来。”他与林徽因在痛苦中磨合，在磨合中摸索相处之道。

梁思顺本来极反感林徽因，但当她办完了丧事，回到自己的家里，享受着平淡的幸福，丧母的痛苦心情逐渐得到修复后，自己的偏见和爱弟弟的心拉扯时，显然爱弟弟的心占了上风，于是勉强同意了梁、林二人。

梁启超在得知梁思顺终于认同了林徽因之后，写信给梁思顺："……思顺对于徽因感情完全恢复，我听见真高兴极了，这是思成一生幸福关键所在。我在几个月前很怕思成生出精神异动，毁掉了这孩子，现在我完全放心了……

"一生不知要经历多少天堂地狱，即如思成和徽因，去年便有几个月在刀山剑树上过活！这种地狱比城隍庙十王殿里画出来的还可怕……"

尽管两人爆发过很多次争吵，但梁思成还是很爱和迁就林徽因的。林徽因一向注重打扮，每次约会，梁思成都要在林徽因的楼下等上二三十分钟，才能等到打扮完毕的林徽因。林徽因爱美又爱创新，喜欢根据不同场合搭配不同风格的衣服，每次出现总给人眼前一亮的感觉。梁思成当然不懂林徽因在这方面的用心，也不太能欣赏林徽因的美，常常惹得林徽因无奈地叹气。

林徽因是个精力充沛的人，在课业那么紧张的情况下，1925 年 1 月，她与梁思成、闻一多、梁实秋等还筹建了"中华戏剧改进社"，参加演出、交流戏剧艺术。她一生热爱戏剧，此后又在戏剧上下了诸多功夫，梁思成参加戏剧社是"妇唱夫随"，帮林徽因的成分居多。林徽因还参加了大学生圣诞卡设计竞赛并获奖。那是用点彩技法画的一幅圣母像，大有中世纪欧洲圣母像的苍古感，这件珍贵的文物至今保存在宾大的档案馆中。

当然，她选修的建筑课程是丝毫不落人后的。她的一位美国女同学在为家乡报纸撰写的文章中，记述了自己对这位东方姑娘的观察：她坐在靠近窗户能够俯视校园中一条小径的椅子上，俯身向一张绘画桌，她那瘦削的身影匍匐在那巨大的建筑习题上，当它同其他三十到四十张习题一起挂在巨大的判分室的墙上时，将会获得很高的奖赏。这样说并非捕风捉影，因为她的作业总是得到最高的分数或是偶尔得第二。

相对于林徽因的热衷创新，梁思成更加习惯扎实苦学，不过他也有自己的困惑。当时宾大建筑系提倡古典主义，训练方法上要求学生掌握古希腊、古罗马的古典柱式和欧洲中世纪、文艺复兴时期的纪念建筑，一幅画常常需要渲染五到十次，且要求反复练习。梁思成写信给父亲抱怨，这样的终日伏案绘图，怕自己以后成为一个只知绘图的匠人。梁启超回信鼓励他说："你觉得自己天才不能负你的理想，又觉得这几年专做呆板功夫，生怕会变成画匠，你有这种感觉，便是你的学问在这时期内将发生进步的特征，我听见倒喜欢极了。孟子说：'能与人规矩，不能使人巧。'凡学校所教与所学总不外规矩方面的事，若巧则要离了学校方能发见……我生平最服膺曾文正两句话：'莫问收获，但问耕耘。'将来成就如何，现在想他则甚？着急他则甚？一面不可骄盈自慢，一面又不可怯弱自馁，尽自己能力做去，做到哪里是哪里，如此则可以无入而不自得，而于社会亦总有多少贡献。我一生学问得力专此一点，我盼望你们都能应用我这点精神。"

梁启超始终作为梁思成的良师益友给他以恰当的点拨和鼓励。在一个偶然的机会里，梁思成听建筑史教授古米尔讲课时，一下子被迷住了，像是突然进入一个崭新的世界，课后他找到古米尔教授表达对建筑史的喜欢，古米尔见他兴致高昂，便问他中国建筑史的情况，梁思成感到非常茫然。当时中国还没有自己的建筑史。1925 年，梁启超给他寄了一本《营造法式》，梁思成和林徽因接到这本书后很兴奋，可一打开却发现这是本天书，完全看不懂。梁思成自然不会轻易放弃，他立下解读这部“天书”的志向，并且更加坚定要研究中国建筑史，还要编写《中国建筑史》。他认为中国人一定要有自己的建筑史。从此，梁思成在完成了各科的学习和作业后，就一头扎进了图书馆。

梁思成常常沉迷于在藏书丰富的图书馆看书画图，是宾大出了名的。有一次，中国同学相约出外郊游，梁思成仍在画图，同学们与林徽因打赌，看她能否请得动梁思成一同出游，林徽因特意换了身漂亮衣服，神采飞扬地敲开梁思成的画室，梁思成见林徽因来，不等她开口，就讲起了他正在研究的一处古建筑结构，林徽因几次想打断他都没有成功。待他好不容易停顿下来，林徽因赶紧摊牌说：“我来找你是带你去郊游的，我跟同学打过赌了，一定要把你请去，你不去太不给我面子了！”梁思成看了看自己桌前的书和图纸，犹豫半天，说：“你跟他们去玩吧，我还要画图。”林徽因只好失望而去。

林徽因成绩优异，也极有人缘，若说有什么挫败感，也大概只有梁思成会带给她。

梁思成耐心地分析和研究了西方建筑史所记载的重要建筑，从各种书籍文献中，他摘录下有关这些建筑的重要数据和评论，并根据这些建筑的照片在笔记本上绘制成一幅幅钢笔画。这种费时费力的笨功夫耗去梁思成许多心血和时间，也奠定了他后来成为中国一代建筑大师的扎实基础。金岳霖曾公正地评价说：“林徽因思想活跃，主意多，但构思画图，梁思成是高手，他画线不看尺度，一分一毫不差，林徽因没那本事。”

在最初留学的一年多时间里，林徽因和梁思成在相互磨合中不断成长，在学业上不断进步。而徐志摩与陆小曼在北京上演了一段轰轰烈烈的情爱大戏。郁达夫曾言：“忠厚柔情如小曼，热烈诚挚若志摩，他们遇合在一道，自然要发放火花，烧成一片了。”但陆小曼的丈夫王赓也是政界要人，徐志摩一时遭受了漫天非议，不得不暂于 1925 年 3 月到欧洲躲避。当时他和张幼仪的小儿子在德国夭折，他带着张幼仪还有其他两名友人到意大利旅行散心。张幼仪发现，徐志摩魂不守舍，每天都在等陆小曼的信件，林徽因早已是“昨日云烟”了。

2. 蜕变成长

1925 年 12 月，林徽因的父亲林长民猝然遇难，巨大的打击狠狠给了林徽因当头一棒。

当时林长民任东北军第三军团副军团长郭松龄的幕僚长。郭松龄是东北军中举足轻重的人物，他参加过同盟会，投身过辛亥革命。1925 年，郭松龄集合东北军十万精锐，倒戈反奉。他通电全国，反对张作霖军阀专权，要求张作霖下野，力主消除军阀混战，实现民主政治。林长民投身其中，为其出谋划策，奔走呼号。郭松龄的队伍在巨流河一带遭到了张学良率领的奉军伏击，林长民中流弹身亡，时年五十岁。

当事情见报时，人们以为只是传闻，并不相信，可噩耗从各个渠道传来，梁启超不得不赶紧给梁思成写信，让梁思成对此有思想准备：

我现在总还存万一的希冀，他能在乱军中逃命出来。万一这种希望得不着，我有些话切实嘱咐你。第一，你要自己十分镇静，不可因刺激太剧，致伤自己的身体。因为一年以来，我对于你的身体始终没有放心，直到你到阿图利后，姊妹来信，我才算没有什么挂虑。现在又要挂虑起来了，你不要令万里外的老父为着你寝食不宁，这是第一层。徽音遭此惨痛，惟一的伴侣，惟一的安慰，就只靠你。你要自己镇静着，才能安慰她，这是第二层。

第二，这种消息，谅来瞒不过徽音。万一不幸，消息若确，我也无法用别的话解劝她，但你可以将我的话告诉她：我和林叔的关系，她是知道的，林叔的女儿，就是我的女儿，何况更加以你们两个的关系。我从今以后，把她和思庄一样地看待，在无可慰藉之中，我愿意她领受我这十二分的同情，渡过她目前的苦境。她要鼓起勇气，发挥她的天才，完成她的学问，将来和你共同努力，替中国艺术界做点贡献，才不愧为林叔叔的好孩子。这些话你要用尽你的力量来开解她。

林徽因看了这封信，心里已经有了不祥的预感。父亲虽然总说要远离政治，可他那颗心始终牵挂着时局，牵挂着政坛的变动。他从年轻时就立志从政，然而几经周折，却始终无法成就大事，他的心中埋藏着太多的不甘，这种不甘会让他在那个动荡的时局中处于危险的境地。

梁启超很快又来信了：

初二晨，得续电又复绝望。立刻电告你并发一信，想俱收。徽音有电来，问现在何处？电到时此间已接第二次凶电，故不复。昨晚彼中脱难之人，到京面述情形，希望全绝，今日已发丧了。遭难情形，我也不必详报，只报告两句话：（一）系中流弹而死，死时当无大痛苦；（二）遗骸已被焚烧，无从运回了。……徽音的娘，除自己悲痛外，最挂念的是徽音要急煞。我告诉她，我已经有很长的信给你们了。徽音好孩子，谅来还能信我的话。我问她还有什么话要我转告徽音没有？她说："没有，只有盼望徽音安命，自己保养身体，此时不必回国。"我的话前两封信都已说过了，现在也没有别的话说，只要你认真解慰便好了。徽音学费现在还有多少，还能支持几个月，可立刻告我，我日内当极力设法，筹多少寄来。

林徽因只看完开头几行便昏倒了。不久，她接到了叔叔林天民的信和寄来的报纸，知悉了父亲亡故的详细经过。她本来想要回国，被梁思成劝阻了。对她来说，完成学业最要紧。

林长民的猝然离去，使林家手足无措。其实，此时的梁家亦受经济困难之掣肘。为了渡过劫波，梁启超准备动用股票利息以解现下危困之局——“只好对付一天是一天，明年再说明年的话”。

梁启超筹措好林徽因的学费，至少在这方面减轻了林徽因的忧虑。但对于林徽因来说，父亲的死仍然是不可承受之痛。

徐志摩为悼念林长民写了一篇《伤双栝老人》。林长民生前一直以“双栝老人”自称，文中写道：“最可怜是远在海外的徽徽，她，你曾经对我说，是你惟一的知己；你，她也曾对我说，是她惟一的知己。你们这父女不是寻常的父女。‘做一个有天才的女儿的父亲，’你曾说，‘不是容易享的福，你得放低你天伦的辈分先求做到友谊的了解。’徽，不用说，一生崇拜的就只你，她一生理想的计划中，哪件事离得了聪明不让她自己的老父？但如今，说也可怜，一切都成了梦幻，隔着这万里途程，她那弱小的心灵如何载得起这奇重的哀惨！”

实际上，林徽因的心灵并不弱小，她快速而坚强地消解着她的丧父之痛，她知道她再也不是林家的大小姐了，而是需要对母亲尽责的长女，是需要照顾弟妹的长姐。她需要学以致用，将来承担养家糊口的责任。

1926年，林徽因因选修的建筑课程成绩突出，被选为建筑系的助教员。《蒙大拿报》刊登了这样一段对林徽因的采访：“等我回到中国，我要带回什么是东西方碰撞的真正含义。令人沮丧的是，在所谓的‘与世界接轨’的口号下，我们自己国家独特的原创艺术正在被践踏。应该有一场运动，去向中国人展示，西方人在艺术、文学、音乐、戏剧上的成就，但是绝不是要以此去取代我们自己的东西。”采访的最后，林徽因说，“在中国，一个女孩的价值最多体现在家庭中，我崇敬这里的民主精神。”言外之意，她不想被困在家庭中，她要实现自己的价值。

这就是二十二岁的林徽因的见识和志向。走出丧父情绪的林徽因，经受了痛苦彷徨的洗礼，更有一种得见大天地的豁达。

也就在这一年，徐志摩和陆小曼结婚了，婚前，徐志摩付出了不少的努力和心力来求得这场婚姻。在婚礼上，担任证婚人的梁启超发表了一番可谓是“砸场子”的证婚词：

我来是为了讲几句不中听的话，好让社会上知道这样的恶例不足取法，更不值得鼓励。

徐志摩，你这个人性情浮躁，以至于学无所成，做学问不成，做人更是失败！

陆小曼，你和徐志摩都是过来人，我希望从今以后你能恪遵妇道，检讨自己的个性和行为，离婚再婚都是你们性格的过失所造成的，希望你们不要一错再错，自误误人。

不要以自私自利作为行事的准则，不要以荒唐和享乐作为人生追求的目的，不要再把婚姻当作儿戏，以为高兴可以结婚，不高兴可以离婚，让父母汗颜，让朋友不齿，让社会看笑话。

总之，我希望这是你们两个人这一辈子最后一次结婚！这就是我对你们的祝贺！我说完了！

梁启超随后在信中告诉梁家子女们：“我昨天做了一件极不

愿意做的事，去替徐志摩证婚……我在礼堂演说一篇训词，大大教训一番，新人及满堂宾客无一不失色，此恐是中外古今所未闻之婚礼矣……”林徽因和梁思成看到这样的信，不禁对徐志摩心生同情。梁启超这一骂，不仅让徐志摩、陆小曼颜面扫地，而且让陆小曼此后再不愿回到北平。

转眼到了 1927 年。这是林徽因与梁思成在宾夕法尼亚大学学习的最后一年。

2 月，胡适到纽约访问，林徽因写信邀请他到宾夕法尼亚大学演讲。三年不见，胡适见到林徽因第一眼，就感慨她变得老成了。他谈起林长民，林徽因顿时红了眼眶。胡适感慨说，他曾邀林长民写自传，可惜林长民因工作原因没有写成，若此时林徽因手上有一本父亲的自传，或可略解丧父之痛。

胡适又谈起徐志摩和陆小曼的婚姻，谈起林长民去世后徐志摩对林徽因的牵挂和担心，经历了三年异国求学生活和丧父之痛的林徽因已经退去了少女时代的青涩和迷茫，磨砺成一个坚强、理性、豁达而又长情的现代女性。她在给胡适的信中说：“请你告诉志摩，我三年来寂寞受够了，失望也遇多了，现在倒能在寂寞和失望中得着自慰和满足。告诉他我绝对的不怪他，只有盼他原谅我从前的种种的不了解。但是路远隔膜，误会是所不免的，他也该原谅我。我昨天把他的旧信一一翻阅了。旧的志摩我现在真真透彻的明白了，似是过去的算过去，现在不必重提了，我只永远纪念着。”

“只永远纪念着”，徐志摩对林徽因来说，没有开始，却有一个结束，这结束还有长长的余音，不断在林徽因生活里回荡。

3. 蜜月之旅

1927年6月，林徽因从宾大美术系毕业，获美术学士学位。她选择了去耶鲁大学戏剧学院学习舞台美术设计。同年，梁思成在宾大获得建筑学硕士学位，成功申请进入哈佛大学，攻读东方艺术博士学位。

在耶鲁，林徽因很快得到了教授和同学们的喜爱。经过在宾大三年的学习，她打下了扎实的美术功底。经过繁复、精确的建筑设计训练后再来学习舞台美术设计，林徽因感到轻松愉快、游刃有余。她本来就热爱戏剧，又参加过戏剧演出，做舞美设计时，她的设计颇具灵气和美感：她能够身临其境地感受舞台上的戏剧空间，不仅考虑到舞台的视觉效果，还能考虑到舞台上场景的变换、道具的调度。

与此同时，梁思成在哈佛的研究却不太顺利。当时所有关于中国建筑的资料都是外国人撰写的，尤其是福格森的《印度和东方建筑史》和弗莱彻尔的《比较法建筑史》影响很大，但二者都把中国建筑看作一种重视装饰和色彩的固定风格，不认为它有历史演变的过程。弗莱彻尔甚至认为中国建筑是一种“非历史的建筑”。梁思成对这样出于“西方中心论”的偏狭和虚妄很不满，他找到自己的导师，向他说明，自己需要回到中国进行实地考察，收集资料，两年后提交博士论文。林徽因同时结束了为期半年的舞美设计的研修。

近四年的留学生活要结束了，两人终于要回国了。北京的亲人忙碌了起来。梁思成是梁启超钟爱的长子，林徽因又没了父亲，梁启超对他们的婚事事无巨细，一一过问。他拟定了详细的计划，婚礼分国内、国外同时进行。

他安排梁思成、林徽因从美国先去加拿大，按西方风俗，在教堂举行仪式，婚礼由大女儿思顺和女婿周希哲为他们操办；婚后赴欧洲旅游，同时考察国外的建筑，然后回国。

双方的长辈和亲人都在国内，订婚、行文定礼等一切事宜按国内的老规矩进行。国内的事情由家人为他们操办。

1927 年 12 月 12 日，梁启超在给梁思成、林徽因的信中，详细记述了北京家中为他们准备订婚仪式的情形。

18 日，在家里给梁思成、林徽因操办了订婚仪式后，梁启超喜悦之余，又提笔给两人写信：

这几天为你们聘礼，我精神上非常愉快。你想从抱在怀里的“小不点点”（是经过千灾百难的），一个孩子盘到成人，品性学问都还算有出息，眼看着就要缔结美满的婚姻，而且不久就要返国，回到我的怀里，如何不高兴呢……

婚礼只要庄严不要奢靡，衣服首饰之类，只要相当过得去便够，一切都等回家再行补办，宁可从中节省点钱做旅行费。

你们由欧归国行程，我也盘算到了……

他给两人详细推荐了“蜜月路线”：“你们最主要的目的是

游南欧，从南欧折回俄京搭火车也太不经济，想省钱也许要多花钱。我替你们打算，到英国后折往瑞典、挪威一行，因北欧极有特色，市政亦极严整有新意，必须一往。新造之市，建筑上最有意思者为南美诸国，可惜力量不能供此游，次则北欧特可观。由是入德国，除几个古都市外，莱茵河畔著名堡垒最好能参观一二，回头折入瑞士看些天然之美，再入意大利，多耽搁些日子，把文艺复兴时代的美，彻底研究了解。最后便回到法国，在马赛上船，到西班牙也好，刘子楷在那里当公使，招待极方便，中世及近世初期的欧洲文化以西班牙为中心。中间最好能腾出点时间和金钱到土耳其一行，看看……建筑和美术，附带着看看土耳其革命后的政治（替我）。关于这一点，最好能调查得一两部极简明的书（英文的）回来讲给我听听……”梁启超的爱子之心让人感喟，最重要的是他超前而先进的教育理念。如今约百年过去，蓦然回首，他教育子女的一切观念都不过时。

其实梁启超给梁思成写这些信时，已经重病缠身。他因便血于1926年初在北京协和医院开刀，切除了右肾，手术后未查出病源，便血仍然时轻时重，稍一劳累就会引起尿潴留，下腹胀痛而无法排出尿液。但他从来都以非常达观的态度对待疾病，对儿女更是“报喜不报忧”。他一如既往地读书、写文章、讲学，还制定了许多长远的写作规划。

1928年2月，快过春节了。从医院回家过年的梁启超，在写给梁思成的信中，仍是满纸殷殷的牵挂和疼爱：

得姊姊电，知你们定三月行婚礼……国币五千或美金三千可以给你，详信已告姊姊。在这种年头，措此较大之款，颇觉拮据，但这是你学问所关，我总要玉成你，才尽我的责任。

……

今寄去名片十数张，你到欧洲往访各使馆时，可带着投我一片，问候他们，托其招呼，当较方便些。你在欧洲不能不借使馆作通信机关，否则你几个月内不会得着家里人只字了。你到欧后，须格外多寄些家信（明信片最好），令我知道你一路景况。

1928 年 3 月，林徽因和梁思成相恋五年后，在加拿大渥太华举行了婚礼。当时梁思成的姐夫周希哲在这里任中国驻加拿大使馆的总领事。因为在加拿大买不到中式的婚礼服，林徽因又不愿意穿着千篇一律的西式婚纱，就自己设计了一套旗袍式的裙装，特别是头饰，更是别出心裁，冠冕似的帽子两侧，垂着长长的披纱，既古典又富有民族情调。帽子正中的璎珞，美丽而别致。林徽因从那时起在服装上已经开始探索“民族的形式”了，她虽然接受了西方文化，却一直致力于拯救祖国的艺术。这在当时是极难得的。

婚后，他们踏上了游历欧洲的旅途。他们有没有按照梁启超制定的行程度蜜月，因为没有留下文字记录，所以不得而知。但我们可以通过他们留下的照片做大致的猜想。首先，他们应该去过巴黎，塞纳河畔沿岸的名胜古迹众多，还有凯旋门、埃菲尔铁塔、卢浮宫和巴黎圣母院。以他们建筑学家的眼光，这些名胜的每一处都值得他们仔细观察、体会、研究。

蜜月中林徽因过生日，梁思成送给她一面仿古铜镜做礼物。

铜镜的一面镶嵌着圆圆的玻璃镜面，另一面的中心是对称的两个衣袂飘飘的飞天浮雕图案，飞天外圈环绕着卷草花纹雕饰，花纹旁均匀地铸着清晰的字迹："徽音自鉴之用思成自镌并铸喻其晶莹不珏也。"

林徽因对这面铜镜爱不释手，梁思成高兴地说："怎么样？可以乱真吧？"他告诉徽因，这是他在美术学院的工作室里，用了差不多一周的课余时间雕刻、铸模、翻砂、仿古处理后做成的。做好后，他故意拿去请研究东方美术史的教授鉴定其年代。教授不懂中文，思成又不让他看另一面，他有些狐疑地说："从图案上看，像是北魏时期的物品，但从未见过这样的文字，对不起，我不能帮助你。"最后，教授知道了真相，看见思成就说："Hey！A mischievous imp（淘气鬼）！"

据梁思成晚年回忆，当时两人还去了西班牙。当他们黄昏时到达西班牙的格拉纳达的时候，已经错过了最后一班前往他们梦中的圣殿——阿尔罕布拉宫的班车。于是两人奢侈地雇了马车立即前往，可惜到达时，阿尔罕布拉宫已经闭门谢客了。他们找到管理员，说明自己的情况，请求破例参观一下，管理员看到两个东方人对阿尔罕布拉宫如此着迷，不仅爽快地放行，而且充当了义务讲解员，细细地给他们讲解了这座皇家宫殿的角角落落。

梁思成和林徽因甜甜蜜蜜地度蜜月时，梁启超已经开始操心他们的就业问题，他曾跟清华提议，开设建筑学讲座，为梁思成在清华谋得一个职位。当时东北大学首开建筑系，想要聘请梁思成的宾大校友杨廷宝担任建筑系主任，但杨廷宝因为加入了基泰工程司，向东北大学推荐了梁思成，于是东北大学向梁思成（梁启超家中）下了聘书。梁启超考虑之后，决定让梁思成去东北大学。

梁启超在家书中告诉他的儿女们，思成的工作已经确定了下来，已接到东北大学的聘书，月薪 265 元。他还专门说明，这是初任教教员的最高薪金，暑假一结束就要开始上课。他说："那边的建筑事业将来有大发展的机会，比温柔乡的清华园强多了。但现在总比不上在北京舒服，我想有志气的孩子，总应该往吃苦路上走。"

这是 1928 年的 7 月，再有一个多月学校就开学了。林徽因、梁思成结束了漫游，从苏联乘火车回国。

三个多月的游历，他们漫步在欧洲大陆，这是他们第一次相伴远游，也是平生唯一一次真正的漫游。他们的蜜月是在考察各地建筑的过程中度过的。

在以后漫长的岁月里，建筑——人类最优秀的文化艺术形式之一，一直如同空气一般弥漫在他们的生活里，成为他们高朋满座的客厅中不变的话题。

4. 赴沈教学

林徽因和梁思成回到北京后，在梁家小住了几日，其间，梁启超的身体时好时坏，梁思成和林徽因的归来，给了他莫大的慰藉。在给女儿思顺的信中，他讲述了二人回到家后的情形："新人到家以来，全家真是喜气洋溢。初到那天看见思成那种风尘憔悴之色，面庞黑瘦，头筋涨起，我很有几分不高兴。这几天将养转来，很是雄姿英发的样子，令我越看越爱。看来他们夫妇体子（质）都不算弱，几年来的忧虑，现在算放心了。新娘子非常大方，又非常亲热，不解作从前旧家庭虚伪的神容，又没有新时髦的讨厌习气，和我们家的孩子像同一个模型铸出来。所以全家人很高兴，就和庄庄（梁思庄）回家来一般，连老白鼻（老 baby，即梁思礼）也是一天挨着二嫂（林徽因）不肯离去。"林徽因得到了梁家人的热烈欢迎和喜爱。

时间仓促，梁思成前往东北大学，林徽因则先回了娘家福建。1928 年，皇姑屯事件爆发后，张学良任东三省保安总司令兼东北大学校长，他提出东北大学的办学目的在于"培养实用人才，建设新东北，以促成国家现代化，而消弭邻邦之野心"，在学校建制上重新规划，设立了文学院、法学院、理学院、工学院。工学院增设了建筑系，当时，除南京中央大学机械系设有建筑专业外，全国仅此一个建筑系。

1928 年秋，东北大学建筑系首届招收了一个班的学生。思成既是系主任，又是所有课程的教师。工作千头万绪，实在忙得不可开交，他写信给徽因，希望她能尽快来东北。

接到思成的信，林徽因带着母亲立即从福建老家起程赴东北，回到了梁思成身边。她的到来，使他们的家充满了温暖的气息。门、窗都换上了崭新漂亮的帘子，墙壁挂上了梁启超为他们手书的条幅，书架上陈设着从家中带来的工艺品，茶几上，一套茶具古朴雅致，一盆花生机盎然。梁思成坐在沙发上感叹：“这才像个家的样子。”

东北的10月，夜里已经开始上冻。早上起来，玻璃窗上结着一层冰花。徽因生起了炉子，安上了烟囱，夜里备课时，再也不会感到冻手冻脚。

林徽因在建筑系担任专业英语课和美术装饰史课的教师，梁思成则讲授建筑学概论、建筑设计原理等课程。

当时的东北，外有日本人虎视眈眈，内有各路土匪昼伏夜出，时局并不太平。林徽因后来曾对友人谈及他们这时期的生活：“当时东北时局不太稳定，各派势力在争夺地盘。一到晚上经常有土匪出现（当地人称胡子）。他们多半从北部牧区下来。这种时候我们都不敢开灯，听着他们的马队在屋外奔驰而过，那气氛真是紧张。有时我们隔着窗子往外偷看，月光下，胡子们骑着骏马，披着红色的斗篷，奔驰而过，倒也十分罗曼蒂克。”

初为人师的他们工作得十分辛苦。建筑学在中国是一门新兴学科，根本没有合适的教材，他们不愿意全部照搬欧美的教科书，又想在教学中把建筑学、美学、历史、绘画史等相关科目的知识融会贯通到自己所讲授的课程中，备课的工作量是很大的。

刚开始，报考建筑系的学生大多数并不知道建筑是怎么回事，是年轻的梁先生、林先生引领着他们认识这门学科。

入学的第一堂课上，梁思成告诉学生：“建筑是什么，它是人类文化的历史，是人类文化的记录者，反映着时代精神的特质。”他对学生提出了要求：想要成为一个优秀的建筑师，就要有哲学家的头脑，社会学家的眼光，工程师的精确与实践，心理学家的敏感，文学家的洞察力，总之，要以广博的知识为铺垫，做一个具有全面修养的综合艺术家。他说：“一切工程离不开建筑，任何一项建设，建筑必须先行，建筑是一切工程之王。”他的话让学生们的专业自豪感油然而生。

林徽因素来是健谈的人，她教美术装饰史，可以从书画、雕塑谈到佛教文化、戏剧舞台，可以从中西绘画的对比谈到美术背后的工程技术；她教英语课，她的英语口音纯正，词汇量丰富，又懂得西方的文化、风俗，让学生们耳目一新。学生们在她的课上学知识，同时接受着文化艺术的熏陶，这种熏陶潜移默化地渗透到年轻学子的心灵当中，让他们受益一生。

梁思成的美术功底深厚，学生基础差，他就从最基本的概念讲起，连讲带画特别通俗。比如，他讲比例，会画一个婴儿，然后画一个成年人，再画一个和成年人同样大小的婴儿，让大家辨认，然后指着两个不同大小的婴儿，告诉同学们这就是比例。他在讲授建筑学概论课程中，介绍世界各国不同时代的经典建筑时，总是一边讲一边在黑板上画……黑板上的建筑厚厚的墙壁减薄了，出现了长长的大窗户，为了加强变薄的墙壁，于是出现了扶壁、飞扶壁，再将柱子拉长，比例调整，另一种风格的建筑出现了……学生们在他的图画中很快就领悟了他所讲内容的精髓。

林徽因初到东北，很不适应东北漫长、寒冷的冬季，她常常感冒。但学生的课不能耽误，她照常忙着备课、上课，得不到很好的休息，感冒长时间不能痊愈，这样的状况很快损伤了她的身体。不过令她欣慰的是，建筑系的工作渐渐走上了有序的轨道，学生们的进步十分明显。

林徽因的1928年过得充实而丰富，但徐志摩的1928年却充满了阴霾，时局动荡，他与陆小曼的婚姻出现危机。上海的十里洋场充满了堕落浮华的气息，令他无法创作，导致收入锐减。而陆小曼在上海的社交圈中却混得如鱼得水，开销甚大。在这种情况下，徐志摩再次出国，先去了日本、美国，又去了英国，再一次站在了康桥上。六年前，他心中的诗意从这里萌发，六年后，他带着心灵的伤痕，又来企望得到康河的抚慰。康桥对于他而言，不仅仅是精神故乡，还是治愈心灵的良药。得见了几位老友和精神导师，徐志摩又打起了精神，回国之前，写下了那首著名的《再别康桥》。等他回到上海，却最先听到他的老师梁启超病重的消息。

1928年12月，梁思成夫妇接到了父亲病重的电报，两人放下手头的一切事情，立即赶回北平。

前些天，他们收到过父亲的一封信，信上的毛笔小楷看上去有些潦草，这在梁启超的书信中是很少见的：

这回上协和医院一个大当。他只管医痔，不顾及身体的全部，每天两杯泻油，足足灌了十天，把胃口弄倒了……也是我自己不好，因胃口不开，想吃些异味炒饭、腊味饭，乱吃了几顿，弄得肠胃一塌糊涂，以致发烧连日不止（前信言感冒误也）。人是瘦到不像样子，精神也很委顿……

当时读这封信，梁思成和林徽因心里就很沉重。如果不是难受到无法忍受，报喜不报忧的父亲是不会写这样的信的。

梁启超两年来进出协和医院，已成平常。这次住院，开始亦未觉异常。思成和徽因回到他身边时，他神志尚清。望着自己钟爱的孩子，他虽口不能言，但脸色明显好了很多。梁家其他几个儿女思顺、思永、思庄、思忠都在国外，无法赶回。

1929 年 1 月，梁启超失去意识，病势垂危，没有说一句遗言，于 19 日下午 2 时 15 分，溘然长逝，享年 57 岁。

梁思成、林徽因为父亲设计了一座高大的墓碑。墓碑用大理石制成，高 2. 8 米，宽 1. 7 米，形状似榫，古朴庄重。墓碑的正面刻着："先考任公府君暨先妣李太夫人墓"，墓碑的背面刻着九个子女的名字。

这是梁思成、林徽因从美国学成回国后设计的第一件作品。40 年后的 1970 年，梁思成因病住进了协和医院，他从自己的主治医师那里得知，父亲的死原来是一次医疗事故。

1926 年 3 月，梁启超因便血入协和医院诊治。诊断结果为一侧肾患结核已坏死，决定手术切除。手术由协和医院院长刘瑞恒主刀。刘瑞恒判断失误，竟将健康的肾切去，而留下了坏死的肾。这是导致梁启超壮年逝世的直接原因。对这一重大医疗事故，协和医院严格保密。事故的责任人刘瑞恒，事后调离了医院，到卫生部做了政务次长。直到 1949 年之后，有人在讲授如何从 X 光片中辨别左右肾时，才举出了这一病例。

办完梁启超的丧事，梁思成和林徽因又赶回沈阳，继续教学。当时林徽因已经怀孕，而梁思成开始为写《中国建筑史》作初步准备，他和林徽因都感到了时间的紧迫，因为那个时候唯一一部《中国建筑史》是日本人写的，书中配图是日本兵手持军刀站在中国古建筑前。这本书对两人的震撼实在是太大了，两人都觉得，中国人应该赶快拥有自己的建筑史著作。林徽因全力辅助梁思成整理资料，在孕期陪着梁思成对沈阳北郊5公里处的清朝皇家陵寝北陵进行测绘。

1929年8月，林徽因在协和医院诞下了她与梁思成的第一个孩子——梁再冰。孩子的名字来自梁启超的“饮冰室”书斋名，为了纪念夫妇俩共同的父亲。

襁褓中的孩子、繁重的教学准备与学术研究工作一下子充斥了他们的生活。不过这一年，陈植、童寯、蔡方荫等人也先后来到东北大学任职，减轻了他们的教学负担。几个才华横溢的年轻人在一起，自然不甘平淡，很快成立了“梁陈童蔡营造事务所”。随后，他们的事务所就承接了吉林大学和北方交通大学锦州分校校舍的设计工程，后来梁思成和林徽因还合作设计了一座名叫“肖何园”的公园，以及当地一些军阀官僚的宅第。

此外，东北大学公开征集校徽，林徽因那极具地域特色的“白山黑水”设计方案被选中，从此成为东北大学的标志，而林徽因也因此获得400银圆的奖励。

但林徽因的肺病越来越严重，最后严重到她无法继续教学，东北寒冷的气候不利于她养病。1930年秋天，她辞职回到北平治疗。

同时，随着日本侵华野心的不断暴露，东北局势动荡不安，东北大学也处在风雨飘摇之中。1931 年，梁思成和陈植等人也不得不先后离开了东北大学。

第四章　太太的客厅

实说，我也不会以诗人的美谀为荣，也不会以被人恋爱为辱。我永是“我”，被诗人恭维了也不会增美增能，有过一段不幸的曲折的旧历史也没有什么可羞惭。

——林徽因写给胡适的信

1. 筑梦文学

林徽因回北平后，先是暂住在北沟沿胡同23号（旧时门牌为北沟沿13号），梁思成大姐梁思顺的家中。梁思成、林徽因在加拿大完婚后回到北平，梁启超曾安排将北沟沿胡同23号作为梁林二人的临时新房。

林徽因的肺病需要静养，但她实在难以做到。一则再冰还小，需要她照顾；二则梁思成还在东北教学，家里琐事还需要她料理；三则她毕竟寄居在大姑子家中，而这个大姑子和她的关系并不那么融洽。到了冬天，林徽因去协和医院就医时，竟确诊为肺结核。医生建议她赶紧到山中静养，不能再劳累了。

1931年2月，梁思成送林徽因到香山静养，林徽因的母亲与再冰也陪同着。她们住在双清别墅①，该别墅因乾隆皇帝题字而得名。这次香山静养无意间成就了林徽因的文学梦。她最早

① 一说当时她们住在双清别墅附近的别院。

的几首诗是那时在香山写成的。清静幽深的山林，世外桃源般的环境，初次做母亲的快乐，特别是北平朋友们的真挚友情，使林徽因心里充满了宁静的喜悦和久违的放松。诗意在她心里萌发，清新灵动的诗句从她的笔下如溪水般汩汩而出。

恰巧这时，徐志摩正主编《诗刊》，他极力鼓励林徽因创作，向她约稿，于是林徽因一口气写下了《那一晚》《谁爱这不息的变幻》《仍然》等几首新体诗歌。其中《仍然》被很多人视为对徐志摩那首著名的《偶然》的应答：

仍然

你舒伸得像一湖水向着晴空里，
白云，又像是一流冷涧，澄清
许我循着林岸穷究你的泉源：
我却仍然怀抱着百般的疑心
对你的每一个映影！

你展开像个千瓣的花朵！
鲜妍是你的每一瓣，更有芳沁，
那温存袭人的花气，伴着晚凉：
我说花儿，这正是春的捉弄人，
来偷取人们的痴情！

你又学叶叶的书篇随风吹展，
揭示你的每一个深思；每一角心境，

你的眼睛望着，我不断的在说话：
我却仍然没有回答，一片的沉静
永远守住我的魂灵。

偶然

我是天空里的一片云，
偶尔投影在你的波心——
你不必讶异，
更无须欢喜——
在转瞬间消灭了踪影。

你我相逢在黑夜的海上，
你有你的，我有我的，方向；
你记得也好，
最好你忘掉，
在这交会时互放的光亮！

这两首诗是不是存在着某种联系，也大略只是人们的猜测。不过，结合《那一晚》和《仍然》，两人的确有一种微妙的互动，林徽因写诗的风格也明显受了徐志摩的影响。单从内容上看，关于那一段“康桥恋”显然林徽因当年的拒绝态度很明显。如今时过境迁，两人都各有了家庭，林徽因还有了女儿，两人再重逢，总免不了回忆往事，当初的情愫早已不在，但伦敦的那段日子依然留有余温，让27岁的林徽因想起16岁的林徽因，有些感慨不得不发。

当时，很多人来香山探望林徽因，包括金岳霖、张奚若、罗隆基、凌叔华、沈从文、冰心等人，这里面很多人都是徐志摩引荐给林徽因的。当然徐志摩来的次数最多。

1931 年 4 月，徐志摩的母亲病逝，本就痛苦悲伤的他，可偏偏还陷入家庭纠纷里，他的父亲徐申如执意不让陆小曼来徐宅戴孝，而再三催促张幼仪前来。陆小曼感觉屈辱，逼着徐志摩想办法，非要讨个说法，而徐志摩自然要和父亲据理力争，但两父子都处在极度的悲伤之中，说话难免尖刻而不留余地，一场纠纷下来，陆小曼极度不满，徐父悲伤愤怒，徐志摩心神俱伤。

他回到北平后，继续一边教学，一边为了提成在熟人间做房屋中介，可即使如此，他仍然入不敷出。当时陆小曼在上海过着纸醉金迷的生活，每天出入各种酒会、票友会，家里养着保姆、厨子、司机，绝对不是徐志摩能供养得起的，而徐志摩的父亲早就在他们结婚时就断了对他们的资助。徐志摩觉得这样下去不是办法，他苦求陆小曼跟他回北平，可陆小曼不听。这种种的心事，种种的遭遇，除了林徽因和好友胡适，他着实也没有其他人可以倾诉。

5 月，徐志摩拉上张歆海夫妇、张奚若夫妇来到香山，专程看望林徽因。林徽因是个极健谈又极喜欢朋友的人，见这么多朋友来，一时兴起，当众给大家读了她新写的诗歌《一首桃花》。

桃花，
那一树的嫣红，
像是春说的一句话；
朵朵露凝的娇艳，
是一些
玲珑的字眼，
一瓣瓣的光致，
又是些
柔的匀的吐息；
含着笑，
在有意无意间，
生姿的顾盼。
看，——
那一颤动在微风里，
她又留下，淡淡的，
在三月的薄唇边，
一瞥，
一瞥多情的痕迹！

徐志摩听完感叹道：“徽因的诗，佳句天成，妙手得之，是自然与心灵的契合，又总能让人读出人生的况味。这《一首桃花》与前人的‘记得绿罗裙，处处怜芳草’是同一种境界。”

林徽因的诗歌得到了称赞，同时也悄悄缓解了徐志摩低落的情绪。

这段日子里，林徽因可算是个高产的诗人——《激昂》《莲灯》《情愿》《中夜钟声》《山中一个夏夜》《深夜里听到乐声》，一首接着一首。

徐志摩探访林徽因，很多时候都在谈论新诗，谈论文学。沈从文就是他引荐给林徽因的，林徽因对沈从文的文章极喜欢，亲切地称呼他为“沈二哥”，沈从文对林徽因自然也极为欣赏，他在给徐志摩的一封信中，把林徽因喻为“诗”一般的存在：

今天真美，因为那么好天气，是我平生少见的，雨后的虹同雨后的雷还不出奇，最值得玩味的，还是一个人坐在洋车上颠颠簸簸，头上淋着雨，心中想着“诗”。你从前作的诗不行了，因为你今天的生活是一首超越一切的好诗。自然你上山去不只作诗，也是去读“诗”的。

但不是每个人都能把林徽因想得如此美好，林徽因与徐志摩的往来很快惹得流言四起，尽管徐志摩为了避嫌，每次都不是独自前来，不是和张奚若、胡适等一同来，就是和林徽因的堂弟林宣一起，但仍然止不住人们的胡乱臆测。

据说，冰心当时探望林徽因时，特意劝诫林徽因为了家庭，也为了不落人口实，不要和徐志摩往来，为此，她还写了一首诗《我劝你》：

只有女人知道女人的心，虽然我晓得
只有女人的话，你不爱听。

曾费过一番沉吟。
单看你那副身段，那双眼睛。
还有你那水晶似的剔透的心灵。
他洒下满天的花雨，
他对你诉尽他灵魂上的飘零，
他为你长作了天涯的羁旅。你是王后，他是奚奴；
他说：妄想是他的罪过，
他为你甘心伏受天诛。
你爱听这个，我知道！这些都投合你的爱好，
你的骄傲。
……
在诗人，这只是庄严的游戏，你却逗露着游戏的真诚。
你丢失了你的好人，诗人在他无穷的游戏里，
又寻到了一双眼睛！
我告诉你一个秘密："只有永远的冷淡，是永远的亲密！"

显然林徽因没有听冰心的劝告，而冰心的这首诗，也暴露出她当时并不懂徐志摩，更不懂徐志摩和林徽因之间那一段过往。

林徽因的儿子梁从诫在《倏忽人间四月天——回忆我的母亲林徽因》中写道：

父母留学期间，徐志摩的离婚和再娶，成了当时国内文化圈子里几乎人人皆知的事。可惜他的再婚生活后来带给他的痛

苦竟多于欢乐。一九二九年母亲在北平与他重新相聚时，他正处在那样的心境中，而母亲却满怀美好的憧憬，正迈向新的生活。这时的母亲当然早已不是伦敦时代那个梳小辫子的女孩，她在各方面都已成熟。徐志摩此时对母亲的感情显然也越过了浪漫的幻想，变得沉着而深化了。徐志摩是一个真挚奔放的人，他所有的老朋友都爱他，母亲当然更珍重他的感情。

梁从诫的评价是比较客观的。徐志摩对林徽因的感情的确起了变化，他更多地陷入到对自家境况的苦闷当中。

7 月，林徽因短暂回家后又要上香山静养，她和梁思成整理古建筑的资料，一并探讨着古建筑的特点，计划着要去哪里实地考察。梁思成当时感冒，说话带着浓重的鼻音，徐志摩来她家探访，看着两人心里实在羡慕。夫妻俩在一起，既能做自己喜欢的事，还能顺便踏青访古，简直如神仙眷侣一般。他自然不知道外出实地考察有多么辛苦，只是凭着诗人的浪漫想象，在脑海里勾画了美满的场景而已。只是他想象的场景越浪漫，他心里就越苦涩，别人的生活这么幸福，他曾那么用力追逐这种幸福，而今却把自己的生活过得冷清而空虚。

林徽因随意和徐志摩聊着天，问徐志摩最近是否要回上海，小曼身体怎样。徐志摩告诉她，他通过朋友的关系，可以免费搭乘南京飞北平的邮政班机，这样一来可以省钱，二来可以快上许多。只是时间不能自己安排，完全得随着航空公司走。

林徽因有些担心他的安全，徐志摩倒是满不在乎。从林徽因家里出来，徐志摩回到胡适家，他在北京一直住在胡适家里，林徽因和梁思成的生活触发了他这些日子潜藏的诗瘾，他信手写下“你去”这个标题，一首诗自然地就从笔端流泻出来。

晚上，停电了。徐志摩点上蜡烛，把白天写的诗读了两遍，又写了一封信，连同那首诗装进了信封。他想把信尽快给林徽因寄出去。

这是现存唯一一封徐志摩与林徽因之间的通信。他们的通信大都因为各种原因焚毁了，只有这封信和这首诗在遗忘中被保存了下来。从这封仅存的书信中，我们可以看出，徐志摩视林徽因为知己、为挚友、为诗友，但再无男女之间的依恋与情意。

徽音：

我愁望着云泞的天和泥泞的地，只担心你们上山一路平安。到山上大家都安好否？我在纪念。

我回家累得直挺在床上，像死人——也不知哪来的累。适之在午饭时说笑话，我照例照规矩把笑放上嘴边，但那笑仿佛离嘴有半尺来远，脸上的皮肉像是经过风腊，再不能活动！

下午忽然诗兴发作，不断的抽着烟，茶倒空了两壶，在两小时内，居然诌得了一首。哲学家（指金岳霖）上来看见，端详了十多分钟，然后正色的说：“It is one of your very best.”但哲学家关于美术作品只往往挑错的东西来夸，因而，我还不敢自信，现在抄了去请教女诗人，敬求指正！

雨下得凶，电话电灯会断。我讨得半根蜡，匍伏在桌上胡乱写。上次扭筋的脚有些生痛。一躺平眼睛发跳，全身的脉搏都似乎分明的觉得。再有两天如此，一定病倒——但希望天可以放晴。

思成恐怕也有些着凉，我保荐喝一大碗姜糖汤，妙药也！宝宝、老太（**指林徽因的女儿和母亲**）都还高兴否？我还牵记你家矮墙（**指林徽因所住香山别墅的围墙，徐志摩曾对墙写诗**）上的艳阳。

此去归来时难说完，敬祝山中人“神仙生活”，快乐康强！

脚痛人

洋郎牵（洋）牛渡（洋）河夜

你去

你去，我也走，我们在此分手；
你上那一条大路，你放心走，
你看那街灯一直亮到天边，
你只消跟从这光明的直线！
你先走，我站在此地望着你：
放轻些脚步，别教灰土扬起，
我要认清你远去的身影，
直到距离使我认你不分明。
再不然，我就叫响你的名字，
不断的提醒你有我在这里，
为消解荒街与深晚的荒凉，
目送你归去……
不，我自有主张，

你不必为我忧虑；你走大路，
我进这条小巷。你看那棵树，
高抵着天，我走到那边转弯，
再过去是一片荒野的凌乱；
有深潭，有浅洼，半亮着止水，
在夜芒中像是纷披的眼泪；
有石块，有钩刺胫踝的蔓草，
在期待过路人疏神时绊倒，
但你不必焦心，我有的是胆，
凶险的途程不能使我心寒。
等你走远了，我就大步向前，
这荒野有的是夜露的清鲜；
也不愁愁云深裹，但须风动，
云海里便波涌星斗的流汞；
更何况永远照彻我的心底，
有那颗不夜的明珠，我爱你！

七月七日

不知林徽因给了徐志摩怎样的答复，但两人一直保持着联系，定期会面。

1931 年 9 月底，林徽因病愈，从香山下山，曾同徐志摩一起吃过饭。10 月徐志摩给陆小曼写信：“星二徽音山上下来，同吃中饭，她已经胖到九十八磅。你说要不要静养，我说你也得到山上去静养，才能真的走上健康的路。上海是没办法的。我看样子，徽音又快有宝宝了。”

此前，徐志摩多次苦劝陆小曼离沪赴京。如他在1931年6月一封给陆小曼的信中写道：“再说到你学画，你实在应得到北京来才是正理。一个故宫就够你长年揣摩……人家都是团圆了。叔华已得了通伯（即陈西滢），徽音亦有了思成……就是你我，一南一北。你说是我甘愿离南，我只说是你不肯随我北来。结果大家都不得痛快。但要彼此迁就的话，我已在上海迁就了这多年，再下去实在太危险，所以不得不猛省。我是无法勉强你的；我要你来，你不肯来……我真也不知怎样想才好！”

从种种证据看，徐志摩和林徽因那段感情都已经成为过往，两人都明白，外人却不明白。两人都已经放下了过去，外人反倒是放不下。这个世界就是这般讽刺而喧闹。不管时代如何发展，文明如何进步，这份喧闹都不会停止。

2. 世事两茫茫

1931年11月10日下午，梁思成和林徽因赶到清华大学参加一个茶会，这个茶会是为欢迎英国的柏雷博士而举办的。

柏雷博士是英国女诗人凯瑟琳·曼斯菲尔德的姐夫。徐志摩热爱那位英国女诗人，在英国留学期间曾专门去拜访过她，还写了《曼殊斐儿》一文，对其极尽溢美之词。尽管她已病逝，徐志摩仍一如既往地把她当作心中的女神。

茶会上，徐志摩不停地向柏雷博士问长问短，希望能从他口中得知一些曼斯菲尔德生前身后的情形，林徽因和梁思成都笑他太“痴”。

茶会结束后，徐志摩告诉林徽因和梁思成，可能这几天要回一趟上海。他说，小曼接连几次拍电报来催，本来早就该走的，可飞机一次又一次地改时间。他有些懊恼地说：“时间已经改了三次，课也一调再调；如果飞机再改期，便不走了。”

林徽因、梁思成回家后接到电话又出去探望了一位刚刚回国的宾大校友。待忙完这一切回到家中，天已经很晚了。给他们开门的听差老王说：徐先生晚上来过，在客厅里等了好大一会儿，喝了一壶茶，留下个字条儿，才刚走了不大工夫。

两人看到了桌子上徐志摩的留言：“定明早六时飞行，此去存亡不卜……”

他们看见“存亡不卜”几个字，心头突然涌起一阵强烈的不安。林徽因急忙拨通了电话，询问徐志摩行程的安排，她劝徐志摩改搭火车，徐志摩浑不在意：“你放心，很稳当的，我还留着生命看更伟大的事迹呢，哪能便死?”林徽因觉得“死”字不吉利，连忙转了话题，说她11月19号晚上要在协和礼堂给外国使节们讲中国的建筑，徐志摩连忙说那天定要去捧场。

九天时间眨眼工夫就过去了。11月19日中午，林徽因、梁思成收到了徐志摩在南京登机前发出的电报：“下午三点抵南苑机场，请派车接。”

下午，梁思成亲自开车去接徐志摩。一直等到下午四点半，仍不见志摩乘坐的“济南”号邮政班机的踪影。梁思成有些着急，向机场的管理人员打听，得到的回答是，济南一带今日有大雾，也许飞机没有起飞。再问，仍是一个不清楚。梁思成只得驾车返回家中。

晚上，协和礼堂灯光明亮。许多外国驻华使节携夫人来听林徽因的演讲。她这天演讲的题目是《中国的宫室建筑艺术》。

林徽因在演讲中列举了故宫、颐和园、历代帝王庙，讲到了北海、天坛，这些地方都是这些外国人去过而缺乏了解的。她那流利的、带有伦敦腔的英语让那些外国听众意外而惊喜，她灵动而形象的讲述又让这些人对中国的建筑文化有了新的更深一层的了解。演讲结束，他们纷纷走上前来，向林徽因致意和致谢。

林徽因心不在焉，匆匆和他们道别，很快赶回家中。一进家门，她便问："思成，志摩有消息吗？"

梁思成说："没有消息。我已给适之打过电话，适之也很着急，他担心志摩途中有什么变故。"

这一夜，林徽因睡得很不安稳。她脑海中翻来覆去想着"存亡不卜"那几个字，回想着徐志摩说的"哪能便死"，总预感有不好的事情发生。

11 月 20 日早晨，北京《晨报》在十分醒目的位置刊发了"济南十九日专电"：

京平北上机肇祸，昨在济南坠落！机身全焚，乘客司机均烧死，天雨雾大误触开山。

放下《晨报》，梁思成立即开车带林徽因前往胡适家。胡适也看到了《晨报》，他匆匆赶往航空公司，请他们拍电报向南京航空公司了解情况，又拍电报给山东省教育厅厅长何思源，让他帮助查询。

胡适在外面奔走打听时，张奚若、金岳霖、孙大雨、钱端升、饶孟侃等人一个个不约而同地来到了胡适家中。大家默默地围坐着，相顾无言，屋内的气氛沉闷而压抑。此时响起的一阵又一阵密集的电话铃声，全是朋友们打来问询消息的。

胡适回来了。他神色黯然、声音暗哑地对大家说："南京那边已证实，出事的是志摩搭乘的'济南'号飞机……"

林徽因不知道是怎样离开胡适家的，她脑海里全都是徐志摩的画面，坐在阳光里和她谈论文学的徐志摩，静静地微笑着听她读诗的徐志摩，在演讲台上自信昂扬的徐志摩，絮絮叨叨叮嘱她保重身体的徐志摩……徐志摩是活生生的，他本应该是活生生的。

她记得在香山养病时，徐志摩来看她，对着她院中的一段矮墙出神，说在琢磨诗句，他的神情认真而严肃；她记得，她曾追问他是否真的如朋友所说，在大雨天里不穿雨衣地跑出去等待彩虹出现，他笑着说，是的；她记得，徐志摩曾动情地讲述他骑着自行车追日落的日子；她记得，徐志摩兴奋又略有不安地给她看他写的新诗……这样天真的徐志摩，这样可爱的朋友，竟然被命运恶狠狠地从世界上抹去了。

她脑海里的徐志摩是会说会笑的，可转瞬间，一切都成了虚幻的泡影……徐志摩死了。那个诗意的、疯狂的、单纯的、热诚的徐志摩死了。

林徽因在泪水中接受了这个事实，就像她当初接受父亲死去的事实一样。

第二天一早，梁思成、金岳霖、张奚若前往济南齐鲁大学，会同沈从文、闻一多、梁实秋等人商议办理徐志摩的后事。他们劝阻了执意要一同前往的林徽因。她的体质一向很弱，又怀有身孕，他们担心她无法面对那惨痛的场面。

22 日上午九点多钟，梁思成一行赶到了济南。徐志摩的灵柩停放在一座叫福缘庵的小庙里，他们在那里向徐志摩的遗体告别。沈从文后来在一篇文章中记述了当时的情形：

> 棺木里静静地躺着的徐志摩，戴了一顶红顶绒球青缎子瓜皮帽，帽前还嵌了一小方丝料烧成“帽正”，露出一个掩盖不尽的额角，右额角上一个李子大斜洞，这显然是他的致命伤。眼睛是微张的，他不愿意死！鼻子略略发肿，想来是火灼炙的。门牙已脱尽，与额角上的那个小洞，皆可说明是向前猛撞的结果。这就是永远见得生气勃勃，永远不知道有“敌人”的志摩……他是个不讨厌世界的人，他欢喜这世界上一切光与色。他欢喜各种热闹，现在却离开了这个热闹世界，向另一个寒冷宁静虚无里走去了。

梁思成献上了他和林徽因编的小花圈，用铁树叶作主体缀以白花，徐志摩的照片镶嵌在中间，希望这希腊风格的花圈能与徐志摩浪漫的性情相配。返回北平时，梁思成带回了一片失事飞机的残骸。林徽因把这片残骸用一大块白绫包扎起来放在家中珍藏，一直到她去世。

1931 年 12 月 7 日，徐志摩遇难半个月后，北京《晨报·副刊》上发表了林徽因的《悼志摩》：

志摩是个很古怪的人，浪漫固然，但人格里最精华的却是他对人的同情、和蔼和优容；没有一个人他对他不和蔼，没有一种人，他不能优容，没有一种的情感，他绝对地不能表同情……

他只知道温存、和平、体贴，只要他知道有情感的存在，无论出自何人，在何等情况之下，他理智上认为适当与否，他全能表几分同情，他真能体会原谅他人与他自己不相同处。从不会刻薄地单支出严格的迫仄的道德的天平指谪凡是与他不同的人。

……

志摩的最动人的特点，是他那不可信的纯净的天真，对他的理想的愚诚，对艺术欣赏的认真，体会情感的切实，全是难能可贵到极点。他站在雨中等虹，他甘冒社会的大不韪争他的恋爱自由；他坐曲折的火车到乡间去拜哈代，他抛弃博士一类的引诱卷了书包到英国，只为要拜罗素做老师，他为了一种特异的境遇，一时特异的感动，从此在生命途中冒险，从此抛弃所有的旧业，只是尝试写几行新诗——这几年新诗尝试的运命并不太令人踊跃，冷嘲热骂只是家常便饭——他常能走几里路去采几茎花，费许多周折去看看一个朋友说两句话；这些，还有许多，都不是我们寻常能够轻易了解的神秘。我说神秘，其实竟许是傻，是痴！事实上他只是比我们认真，虔诚到傻气，到痴！他愉快起来他的快乐的翅膀可以碰得到天，他忧伤起来，他的悲戚是深得没有底。寻常评价的衡量在他手里失了效用，利害轻重他自有他的看法，纯是艺术的情感脱离寻常的原则，所以往常人常听到朋友们说到他，总爱带着嗟叹的口吻说："那是志摩，你又有什么法子！"他真的是个怪人么？朋友们，不，一点都不是，他只是比我们近情，比我们热诚，比我们天真，比我们对万物都更有信仰，对神，对人，对灵，对自然，对艺术！

朋友们，我们失掉的不只是一个朋友，一个诗人，我们丢掉的是个极难得可爱的人格。

世间懂徐志摩的人中，林徽因当得上一个"最"字。

徐志摩死后，胡适给了林徽因一些徐志摩的文稿。林徽因从他那里得知，凌叔华曾替徐志摩保管过一个小箱子，里面有两本"康桥日记"，曾记录徐、林二人的过往，林徽因曾前去讨要，凌叔华也想向林徽因借她手里的部分徐志摩文稿，两人交流过程中发生了误会，又都没有怀着善意揣测对方，结果闹得不欢而散。甚至到后来，凌叔华称，迫于胡适的劝说，自己交出了箱子，而林徽因并没有收到，这场日记风波成了罗生门，而徐志摩那记载着他和林徽因二人过往的"康桥日记"也就此不知所终，殊为可惜。

3. 北总布胡同

1931 年 7 月，东北形势已相当紧张，日本人蠢蠢欲动，梁思成辞去了东北大学的教职后，与林徽因一同到朱启钤先生的中国营造学社任职。梁思成在学社担任法式部主任，林徽因任校理和参校。他们的学生刘致平等人，从东北大学建筑系毕业后，也来到北平投奔老师，到营造学社任职。

工作安定后，梁思成在靠近东城墙的北总布胡同租了一个四合院，这是一座方砖铺地的四合院，每一溜墙边一排平房罗列，屋顶铺灰瓦，平房与平房之间有走廊，房间面向院子的那面是大片大片的门窗，镶嵌着精致的木格子。林徽因和母亲都很满意这个安静而不偏僻的院子，一家三代搬了进去。

梁再冰回忆说："北总布胡同 3 号靠近东城墙根，是一个两进四合院，大大小小一共有四十来间屋子。这所房子有两个虽然不大却很可爱的院子，我记得小时候，妈妈常拉着我的手在背面的院子中踱步，院里有两棵高大的马樱花树和开白色或紫色小花的几棵丁香树。夏末秋初，院中蝉鸣不止，许多红色的马缨花落在石板地上。院子中有一个小小的花坛，种着鸡冠花和喇叭花……妈妈那时很年轻很美，脸颊上有一个酒窝，很爱笑，笑起来眼睛眯成了一条缝。"

她的弟弟梁从诫也回忆说："当年，我的姑姑、叔叔、舅舅和姨大多数还是青年学生，他们都爱这位长嫂、长姊，每逢假日，这四合院里就充满了年轻人的高谈阔论，笑语喧声，真是热闹非常。”

当时，金岳霖和梁家同住一个院子。梁家住前面的大院，金岳霖住后面的小院。前后院各自单门独户。

每个星期六的下午，是林徽因、梁思成和朋友们聚会的时间。因为金岳霖是单身，无人打扰，所以聚会通常是在金家，有时也在梁家。

金岳霖把最大的一间南房当客厅，客厅靠北墙摆放着八个大书架，书架上以英文书居多。客厅的南面，围着一圈沙发。常来这里参加聚会的有清华大学政治学教授张奚若、哲学教授邓叔存、经济学教授陈岱孙、国际政治专家钱端升、社会研究所所长陶孟和、考古研究所所长李济、美国人费正清夫妇，徐志摩还在世时，如果不回上海，也会在星期六下午前来。

金岳霖当时在清华大学任教授，教逻辑，他曾在美国哥伦比亚大学留过学，和徐志摩是校友。徐志摩总称呼他“哲学家”，他将西方现代逻辑引入中国，是中国现代哲学的开山鼻祖。

政治学教授张奚若，早年就读于哥伦比亚大学，是一个非常直率而重原则的人。他与胡适、陶行知、宋子文、孙科、蒋梦麟是同学，与金岳霖在美国时就相识，那时他们就有周六聚会的习惯。

社会研究所所长陶孟和，早年留学英国，一手创立了社会调查所，最早提出社会调查计划。他和汤象龙主编的《中国近代经济史研究集刊》，是最早的研究我国近代经济史刊物。陈毅曾读过他写的文章，受到了深刻启发，从此记下了陶孟和的名字。新中国成立后，他向党中央力荐陶孟和出任中国科学院副院长，不过这已经是后话了。

考古学家李济，当时正主持震惊世界的安阳殷墟发掘。梁思成的弟弟梁思永在这次的殷墟发掘中做出了重要贡献。若他在北平，也常来做客。

这群知识分子有着相似的出身，相似的留学背景，又有较高的经济收入。在时局动荡、国运暗淡的当时，他们需要有这样一个场所来定期交流信息、探讨问题、联络感情。每个星期六下午，他们聚在一起，不同的学科、不同的思想见解、不同的感受，在这里交流和碰撞。他们从古建筑谈到胡同文化，从自杀现象谈到殉道精神，有时候还会互相争论得面红耳赤，互相挖苦，但转眼间换一个话题，敌对方又站在一个阵营里，支持同一个观点。

费正清夫妇①是美国人，两人一个喜欢中国历史，一个喜欢中国艺术。1932 年，这对新婚夫妇与林徽因、梁思成偶然相识于一次画展后，很快便成了梁家的常客。费慰梅形容他们夫妇和梁林夫妇是“一见钟情”。

虽然当时两人的汉语还并不流利，但和这群留学欧美的大学教授在一起没有任何隔阂。在梁家客厅，费正清、费慰梅和

① 费正清的全名是约翰·金·费尔班克，费慰梅的全名是维尔玛·丹尼欧·坎农。费正清和费慰梅是梁思成根据他们英文名字的译音为他们起的中文名字。

梁思成、林徽因还有这些大学教授一起分析、比较中美不同的价值观和生活方式，探讨中外文化与艺术——从中国历史、儒家思想、殷墟甲骨到哈佛广场、剑桥大学、古希腊哲学家，古今中外，无所不谈。费正清作为一个外国人，一个旁观者，对梁家客厅这一群知识分子做了初步评价：“这些人大多数像我们一样，我们尊敬他们，并与他们打成一片，而他们在自己的国家里却是没有实权和地位的少数。可是他们坚定不移地懂得，他们所能发挥的是文化上的领导作用，也懂得他们作为学者负有培养中国未来一代的责任。因此，他们站在一起，互相支援。”事实证明，这群知识分子也大都在新中国成立后，为中国培养了一代代人才，可见费正清的目光之犀利。

除了学界精英，还有文坛新人及在校的年轻大学生慕名而来，前者如萧乾、卞之琳，后者则有梁思成就读于燕京大学的妹妹梁思懿以及外甥女周念慈，她们常带着燕京大学的同学来凑热闹，这些同学中便有日后加入中国共产党的龚澎，以及后来成为知名作家的韩素音。

在聚会中，林徽因永远是聚会的中心，虽然时局是大家最关心的话题，也往往是第一个话题。不过很快地，屋子里就只剩下林徽因的声音。李健吾写林徽因，里面有这样一段话：“当着她的谈锋，人人低头。叶公超在酒席上忽然沉默了，梁宗岱一进屋子就闭拢了嘴，因为他们发现这位多才多艺的夫人在座。杨金甫笑了，说：‘公超，你怎么尽吃菜？’公超放下筷子，指了指口如悬河的徽因。一位客人笑道：‘公超，假如徽因不在，就只听见你说话了。’公超提出抗议：‘不对，还有宗岱。’”

费正清也曾回忆说："她交际起来又洋溢着迷人的魅力……她所在的任何场合，所有在场的人总是全都在围绕着她转。她穿一身合体的旗袍，既朴素又高雅，自从结婚以后，她就这样打扮。质量上好、做工精细的旗袍穿在她匀称高挑的身上，别有一番韵味，东方美的娴雅、端庄、轻巧、魔力全在里头了。"

李健吾说林徽因"绝顶聪明，又是一副赤热的心肠，口快，性子直，好强，几乎妇女全把她当作仇敌"，但这其中不包括费慰梅，相反地，她极喜欢与林徽因交谈。对于林徽因的健谈，费慰梅说："其他朋友会记得她是怎样滔滔不绝地垄断了整个谈话。她的健谈是人所共知的……她的谈话同她的著作一样充满了创造性。话题从诙谐的轶事到敏锐的分析，从明智的忠告到突发的愤怒，从发狂的热情到深刻的蔑视，几乎无所不包。她总是聚会的中心人物，当她侃侃而谈的时候，爱慕者总是为她那天马行空般的灵感中所迸发出的精辟警语而倾倒。"

林徽因喜欢聊天，热爱朋友，每当和朋友在一起，她就思路洞开，妙语如珠。当时，她热衷办文学刊物，更乐于提携文坛新人，萧乾曾回忆说："我怯怯地随着沈（从文）先生，跨进了总布胡同那间有名的'太太的客厅'，那是我第一次见到林徽因。她对我说的第一句话是：'你是用感情写作的，这很难得。'给了我很大的鼓舞。她说起话来，别人几乎插不上嘴……徽因的健谈，绝不是结了婚的妇人那种闲言碎语，而常是有学识、有见地、犀利敏捷的批评。"也因为林徽因的健谈，聚会明明是在金岳霖家客厅，可所有人都觉得他们是在梁家，是在林徽因的家，称这里为梁家客厅。

就林徽因个人而言，聚会为她的个性和才华找到了一个完美的结合点。她总是急于表达她对建筑美的认识与感悟，对艺术的见解与想法，对诗歌或小说的鉴赏与批评。梁再冰说："我妈这个人很爱说话……她很健谈，所以人家都记得她。到了人多的时候，好像就我妈一人在那说，侃侃而谈。她为什么爱说呢，我也想了想，她的思维方式跟我父亲不大一样。我父亲是想很多事情，他自己心里想，你不知道他在想什么。我妈可不一样，她是一边想一边说，她的思维过程你可以看得见的。"

在当时北平的文化人中，与此相类似的文化沙龙还有以朱光潜、梁宗岱为中心的"读诗会"。经常参加"读诗会"的有冯至、朱自清、冰心、凌叔华、卞之琳、何其芳等人。与北总布胡同文化氛围浓郁的聚会相比，"读诗会"有着更为纯粹的文学色彩，林徽因也常去参加"读诗会"的活动。林徽因若觉得谁写的诗不好，会毫不客气地提出批评，据说她与陈岱孙就曾狠狠争吵过，当时的紧张气氛一度让在一旁不习惯争吵的沈从文心中惴惴不安。不过争吵归争吵，到了周六下午，陈岱孙还是会准时出现在梁家客厅。

4. 一桩传闻的真假

若不是冰心写了小说《我们太太的客厅》，可能林徽因不会如此饱受质疑与批评到今天。冰心把主角"我们太太"塑造成一个受男人环绕，爱出风头，工于心计，把她身边的男人几乎轻易地“玩弄”于股掌之间的虚荣女人。小说将林徽因、梁思成、徐志摩、金岳霖一一对号入座，笔锋极尽讽刺挖苦。这篇小说于1933年9月发表后，引起平津乃至全国文化界一阵沸腾。

那时候，林徽因还在山西考察古建筑，一路风餐露宿，条件极苦，看到冰心这样一篇文章，自然愤怒，特意从山西带了一坛醋，送给了冰心，两人自此交恶。

即便如此，林徽因对冰心这种“揶揄和讽刺”仍感到委屈，她在同一年发表的《闲谈关于古代建筑的一点消息》中写道：“在这整个民族和他的文化，均在挣扎着他们垂危的运命的时候，凭你有多少关于古代艺术的消息，你只感到说不出口的难受……如果我们到了连祖宗传留下的家产都没有能力清理，或保护，乃至于让家里的至宝毁坏散失，或竟拿到旧货摊上变卖，这现象却又恰恰证明，我们这做子孙的没有出息，智力德行已经都到了不能再堕落的田地。……不幸我们的国家多故，天天都是迫切的危难临头，骤听到艺术方面的消息，似乎觉到有点不识时宜，但是，相信我——上边已说了许多——这也是我们当然会关心的一点事，如果我们这民族还没有堕落到不认得祖传宝贝的田地。这消息简单的说来，就是新近有几个死心眼的建筑师，放弃了他们盖洋房的好机会，卷了铺盖到各处测绘几百年前他们同行中的先进用他们当时的一切聪明技艺所盖惊人的伟大建筑物，在我投稿时候正在山西应县辽代的八角五层木塔前边。”最后一句表达虽然隐晦，但仍看出她带有情绪，更替在外辛苦测绘的梁思成鸣不平。

其实，林徽因同梁思成一样，对古建筑有一种献身般的热忱，一般她是不会说为了古建筑舍弃了什么这类话的，此次发出这样的感慨，还是因为被“诋毁”而有些愤愤不平罢了。

公平地说，当时的文化圈内，确实有冰心所讽刺的虚荣、浮夸的现象，但她虚构一篇小说，抨击一种现象，却如此紧紧地“扣”在梁家客厅的各位成员中，不免有失偏激。事实上，梁家客厅的这些成员在各自的学术领域都有不俗的建树，甚至在抗战的困苦时期做出了巨大的牺牲。

林徽因他们并没有因为冰心的小说而停止聚会。梁家客厅里每周六依然是高朋满座。

朱自清在日记里写道：“赴金龙荪（指金岳霖）先生茶会。林徽因甚修饰，梁思成亦甚潇洒，有陶孟和夫妇、李健吾、张奚若、今甫，谈笑甚欢。林论庆生社剧，非只脸谱为妙，其实架子亦好。诸人话题，从仆役之蠢至中国语文之不清晰。张奚若则谓中文难学。张叙述故事，诚如林徽因所云，嫌啰嗦。”

让林徽因饱受议论的，除了与徐志摩的情感纠葛、冰心的《我们太太的客厅》，还有就是与金岳霖的交往。坊间有关于两人的各种传言，其中流传最广的是：金岳霖住在北总布胡同 3 号梁宅后院时，一日，林徽因对从宝坻考察回来的梁思成说，她苦恼极了，因为她同时爱上了两个人，不知怎么办才好。梁思成听后痛苦至极一夜未眠，把自己、金岳霖和林徽因反复放在天平上衡量。第二天，他向林徽因表示，她是自由的，如果她选择金岳霖，他会祝愿他们幸福。林徽因把梁思成的话告诉金岳霖，金岳霖说了一句：“看来思成是真正爱你的，我不能去伤害一个真正爱你的人。我应该退出。”此后三人毗邻而居，终身为友。

这故事出自梁思成的续弦夫人林洙。1990年，林洙在《人物》杂志发表《碑树国土上，美留人心中——我所认识的林徽因》一文，首次披露此事，并说明是梁思成亲口所言。后来，她又在新书《梁思成、林徽因与我》中，再次将这段对话呈现于读者面前。作为梁思成的遗孀，林洙的文字成为林徽因与金岳霖之情的证据，但是此时，三位当事人都已去世，要说是证据，不免牵强。

林洙在一前一后两段叙述里，提到的时间并不一致。前面的文章中提到此事发生的时间是1931年；后面的书中，时间又变成1932年。我们姑且把它当作记忆的偏差。但1931—1932年这段时间，金岳霖有差不多一年的时间都不在国内。据金岳霖回忆：“1931年我有机会到美国留学一年，就到哈佛大学的谢非先生那里学逻辑。”另外，这一年7月，身在北平的徐志摩曾给远在上海的陆小曼写信说：“……老金他们七月二十离北平，他们极抱憾，行前不能见你。”隔几日徐志摩再写一信，信中说：“老金、丽琳想你送画，他们二十走，即寄尚可及。”

徐志摩的信透露了几个重要的信息：第一，金岳霖离开北平的日期是1931年7月20日；第二，同行之人，有他当时的女友——美国姑娘丽琳。也就是说，1931年7月后大约一年的时间里，金岳霖断无可能向林徽因做出这样的表白。至于1931年7月20日前，徐志摩在信里说得很清楚，金岳霖和丽琳在交往，向林徽因示爱的可能性也微乎其微。

再看1932年。梁思成赴宝坻考察的时间是1932年6月11

日，17 日回到北平家中。林徽因因怀孕未能同行，6 月 14 日，林徽因由香山致信胡适，信中说到离世不久的徐志摩："我今年入山已月余，触景（香山）伤怀，对于死友的悲念，几乎成个固定的咽梗牢结在喉间。"可见林徽因仍旧为徐志摩的死而伤痛。而同年 8 月 4 日，梁从诫在北平协和医院出生。我们如何能想象，沉浸在悼亡徐志摩的悲伤中，且有孕在身，两个月后即将生产的林徽因，会对梁思成表示自己"苦恼极了，同时爱上了两个人"，于情于理，这都解释不通。

若说其他年份，1933—1937 年，梁思成每年每次外出实地考察古建筑，林徽因都会与之同行。回到北平后，两人还要一同整理资料、图纸，还要一同写文章。两人的情感联系一直非常紧密，1935 年，她应邀为《大公报》的副刊《小公园》设计报头图案，她在文中写道："现在图案是画好了，十之七八是思成的手笔，在选材及布局上，我们轮流草稿讨论。说来惭愧，小小一张东西，我们竟然做了三天才算成功。"就这么几句话，却能感受到她和梁思成的亲昵。

除此之外，林徽因还要负责家里一切琐碎事务，要关注飞涨的物价，协调家里的支出；要奉养老人，照顾一双儿女。她的三弟林恒住在她家，梁思成的外甥女、梁思顺的女儿周念慈也时常跑到梁家来住。费慰梅来林徽因家也来得很频繁，她曾回忆说，"我常在傍晚时分骑自行车或坐人力车到梁家，穿过内院去找徽因。我们在客厅一个舒适的角落坐下，泡上两杯热茶后，就迫不及待地把那些为对方保留的故事一股脑倒出来……"

这段时间，林徽因还要创作散文、小说、剧本。她和金岳霖实在没有什么时间和空间萌发出一段感情来。

1935 年 12 月，一二·九运动爆发，梁思成的妹妹梁思懿作为学生运动的骨干分子，遭到警察追捕，林徽因急中生智，把她打扮成阔太太样子，送出了京城。三弟林恒也在这次运动中受伤，遭到了警察的毒打，梁思成跑了很多家医院，才在城外找到他，总算让林徽因放下心来。林恒养好伤后，原本打算报考清华的他转而报考了航空学校。他们两夫妻为了两个家庭，像并肩作战的战友一样，共同应付一个又一个突发事件。这边日子刚刚平静下来，梁思庄的丈夫病逝，梁思成又把在广东的妹妹接回北京。梁思庄带着小女儿吴荔明和一个广东老妈子住进了北总布胡同。

这一段日子，是梁家人最多的时候，全家一共有十七张床铺，黄包车夫还要借宿在金岳霖家。尽管各种杂务和厨房的活儿都有佣人干，但身为女主人的林徽因的操心程度是可想而知的。

那种“林徽因因为同时喜欢两个男人而苦恼”的描述，可笑在他们以为林徽因有大把大把的空闲时间，整天待在“四角的天空”里，心中的情感无处安放，过的是为赋新词强说愁的日子。按照浪漫小说的套路，金岳霖是给林徽因一片天空的人。可现实是，林徽因自有一片天空，她的天空之辽阔，一点也不逊于同时代的男性，否则，聚会中，她滔滔不绝的辩才从哪里来？若言之无物，如何能让一群知识分子安静而服气地听……

若说林徽因和金岳霖有让人误会的地方，那是因为金岳霖对林徽因发自内心地喜欢和欣赏，而且他从不隐藏，从不避讳。

在他与费正清夫妇的通信中，每次提到林徽因，他都大加赞扬。

金岳霖留学美国时和徐志摩是校友，一开始学商业，感觉对商业不感兴趣，又去学了政治学，后来到英国留学，又学了哲学。他讲述他教逻辑的事情特别有趣：

有一次，有一个美国姑娘同张奚若和我在法国巴黎圣迷歇大街上边走边争论。哪一年的事情我忘了。他们彼此都说不通，好像都提到逻辑，我也参加了争论。但是，我可不知道逻辑是什么，他们好像也不大清楚。

可是，不久同逻辑干上了。回到北京以后，赵元任本来在清华大学教逻辑，不教了，要我代替，就这样，我教起逻辑来了。我也只好边教边学。1931 年，我又有机会到美国留学一年，就到哈佛大学的谢非先生那里学逻辑。我告诉他说，我教过逻辑，可是没有学过。他大笑了一阵。

1946 年，解放战争打响，有人问他，若共产党胜了怎么办，金岳霖答道："那就接受他们的领导，反正他们不是侵略者。"

这样一个直率坦荡又随性的金岳霖怎么会有阴暗苟且之心，行阴暗苟且之事？而且他对林徽因的喜欢和欣赏并没有让梁思成心生芥蒂。在他与梁思成等人的合照中，梁思成亲昵地搭着他的肩膀，笑着面对镜头。金岳霖曾说："爱与喜欢是两种不同的感情或感觉。这二者经常是统一的，不统一的时候也不少，有人说可能还非常之多。爱说的是父母、夫妇、姐妹、兄弟之间比较自然的感情……喜欢说的是朋友之间的喜悦，它是朋友之间的感情。我的生活差不多完全是朋友之间的生活。”

对于金岳霖来说，林徽因是他极喜欢的一个朋友，若说心中还有朋友以上的情感，大约的确对林徽因有过“恨不相逢未嫁时”的遗憾吧。

林徽因去世多年以后，有学者询问他能否为即将出版的林徽因作品写篇东西，他说：“我所有的话，都应该同她自己说，我不能说，我没有机会同她说的话，我不愿意说，也不愿意有这种话。”

“不能说的话”，“ 没有机会说的话”，金岳霖到晚年也终于没有说出来。都说一千个读者，就有一千个哈姆雷特，世间的情感，大约也是因人而异吧。有的人对你来说，就算不曾发生什么，仅仅遇见，已属平生之幸。

第五章　寻古探幽

你爱这里城墙，
古墓，长歌，
蔓草里开野花朵。
好，我不再讲
从前的，单想
我们在古城楼上 今天，——
白鸽，
(你准知道是白鸽?)
飞过面前。

——林徽因《城楼上》

1. 香山寻古

北平四郊尤其是西山一带，有许多古建筑遗物。其中，辽金元的遗迹间或有之，更多的则是明清时期的建筑。香山又恰好在北平的西北郊，林徽因在香山养病时，就已经计划着就近和梁思成实地探访这些古建筑。两人将首站选在了卧佛寺。

卧佛寺向南而筑，起伏的山峦如屏障般的依在寺的北面，寺院的建筑也依山而建。进了卧佛寺，迎面是一座琉璃牌楼，汉白玉的门洞，汉白玉的须弥座，黄绿琉璃的柱子、横额、檐瓦。梁思成一眼认出来："这是乾嘉年间的做法。"林徽因点头认同。

琉璃牌楼内，是一道白石桥，桥正对着山门。钟鼓楼分立在山门两侧，他们缓步细细地观览。

天王殿后面是正殿，正殿里供着那尊著名的卧佛，寺院因之而得名。相传这里原来还有一尊卧佛，为唐太宗贞观年间的旃檀佛像，雍正皇帝曾参拜过，但已于乾隆年间遗失。

普通旅客对这些佛像最有兴致，梁思成和林徽因感兴趣的却是这里的建筑布局。

和所有的寺院相仿，卧佛寺从前端的牌楼到后殿，都是建筑在一条中轴线上。但和其他寺院相比，它不是通常的“四合头”分为前后几进院子的结构，而是从山门开始由左右两条游廊贯穿全寺。虽然游廊中间有方丈客室和东西配殿，但一气连接的游廊使整个寺院构成一个大长方形。

“这种建筑格局，在唐宋时代十分普遍。”梁思成说，“日本平安时代的一些建筑，也是这种结构，他们显然是受唐代建筑的影响。”

除此之外，卧佛寺各大殿的外观造型和内部结构，都是标准的清代风格。林徽因和梁思成兴趣不大，便与寺院的住持智宽和尚聊了起来。

梁思成对智宽说：“这是全北平唯一的一处唐代布局的寺院，应当妥善保护才是。”

智宽和尚长叹道，几年前，他的前任住持已与基督教青年会签订了合同，以每年一百元的租金，把寺院的大部分殿堂租借了出去，供前来游玩的青年会成员住宿，租期是二十年。

智宽一一指点给他们看：观音堂前的水池，已成了青年会的游泳池，池塘四周的白石栏杆，拆下来叠在池边做了入池的台阶。

梁思成一边看一边摇头：“这年头，难道他们不明白保存古物的道理？”

“其实，这算不得什么稀奇！”林徽因说，“中世纪的教皇们不是下令拆了古罗马时期庙宇，用拆下来的石块去修‘上帝的房子’吗？这栏杆，也不过是将一些‘迷信废物’，拿去为上帝尽义务。你所说的‘保存古物’，在许多人听来只是迂腐的废话。

“按说，还多亏了青年会，让许多年轻人知道了卧佛寺。到夏天，北平的学生们谁不愿意来爬爬山、游游水？这不知成全了多少相爱人的心愿。那殿里一睡几百年的释迦牟尼，还能代行月下老人的职责，真乃是佛法无边啊！”

林徽因说话尖刻，看梁思成难过，赶紧机智地用歪理宽慰他，她懂梁思成的痛心，只是很多事情，他们左右不了，只能眼睁睁地看着眼前的宝物变成永久的遗憾。那时候绝大部分人对文化遗产、对建筑的认知水平远远达不到他们的高度。以后，他们还将面对很多次这样的遗憾。

法海寺在香山之南，香山通八大处马路的西边不远。一个很小的山寺，谁也不会上那里去游览的。可是林徽因和梁思成去了，留意到法海寺的寺门别有新意：有圆拱门洞的城楼模样，上边却顶着一座喇嘛式的塔——一个缩小的北海白塔。这奇特的形式，不是中国古建筑里所常见的。

两人围着圆拱门洞转来转去，看门额上的题字，看已被岁月抹掉大部分颜色的画壁，看门上那座塔的结构、雕饰，两人边看边讨论，边赞叹浮雕造像的精美。在这人迹罕至的地方，夫妻俩喃喃对话，试图穿越时光和几百年前建造这塔的匠人大师们对话。

由香山到八大处，要经过一处山口——杏子口。那里的三座石佛龛，是八百年前金代的遗物。

这天，梁思成开着车，带着相机，和林徽因一同前往杏子口。山路蜿蜒狭窄，转弯处呈 S 形。他们将车停在山下，沿着山路慢慢向上爬。

杏子口位于两山之间，从山口望出去，豁然一片开阔的田野平展展地铺向天际，淡淡的雾岚在田野上飘浮。远处的玉泉山静卧在田畴云岚上，近处的三座佛龛分峙在南坡、北坡的山崖。石龛规模虽不大，但位居要道，背倚蓝天，倒也有一种超然物外的庄严。

林徽因将这一切所见用笔记下，在她眼里，佛龛也好，其他古建筑也好，都能与脚下的大地、头上的天空与高悬的日月形成一种和谐的温润的美。

北坡上两座青石结构的佛龛并立在一起，颜色苍绿。西边那座龛较大，重檐，顶层的檐角微微翘起；西墙上有跑马、佛像等古拙的刻饰，东墙上有“承安五年四月廿三日到此”，“至元九年六月十五日□□□贾智记”的字样。龛内有一尊无头趺坐的佛像，身体已裂，但衣褶纹路还带有鲜明的南宋时期的遗风。

辨认着佛龛上斑驳的字迹，林徽因推测着说：“承安是金章宗年号，承安五年应该是公元 1200 年。至元是元世祖年号，元顺帝的至元到六年就改元了，所以这个至元九年是 1272 年。这小小的佛龛，至迟也是金代遗物，居然在杏子口受了七百多年以上的风雨，依然存在。”

南崖上只有一座佛龛，大小与北崖的相差无几。三面墙体，北面开门，墙体已成淳厚的深黄色，墙上刻着双钩“南无佛”三个大字，龛内佛像不知失于何年，只剩下空空的土台。

两人在考察古建筑期间，每每感叹建筑对时间的耐受力。

杏子口这三座佛龛，既不壮观夺目，也不算是精美无匹，但在开阔苍茫的大自然的陪衬下，在王朝更替数百年的历史中，却独有一种神秘、厚重的美。

林徽因和梁思成合写的《平郊建筑杂录》里，记录下了两人寻访古建筑的经历，林徽因在其中尽情抒发了自己的感受。她把这种由建筑所带来的审美愉悦，称为“建筑意”。她写道：

这些美的所在，在建筑审美者的眼里，都能引起特异的感觉，在“诗意”和“画意”之外，还使他感到一种“建筑意”的愉快。

……无论哪一个巍峨的古城楼，或一角倾颓的殿基的灵魂里，无形中都在诉说，乃至于歌唱，时间上漫不可信的变迁，由温雅的儿女佳话，到流血成渠的杀戮。他们所给的“意”的确是“诗”与“画”的。但是建筑师要郑重郑重的声明，那里面还有超出这“诗”“画”以外的“意”存在。眼睛在接触人的智力和生活所产生的一个结构，在光影恰恰可人中，和谐的轮廓，披着风露所赐予的层层生动的色彩；潜意识里更有“眼看他起高楼，眼看他楼塌了”凭吊兴衰的感慨；偶然更发现一片，只要一片，极精致的雕纹，一位不知名匠师的手笔，请问那时锐感，即不叫他做“建筑意”，我们也得要临时给他制造个同样狂妄的名词，是不？

林徽因用散文的笔调写建筑学论文，赋坚硬的建筑以丰富的情感，给冰冷、无生命的物体以人文的关怀。她从古建筑中看历史上的荣辱兴衰，感受古代匠作大师们的艺术创造力，她想让中国的古建筑艺术得到世界的肯定。

其实当时正是民族资本主义发展的高峰时期，很多留学欧美的建筑系高才生都因规划设计了很多大楼而收入不菲。而营造学社只是一个民间学术机构，经费有限，但梁思成和林徽因还是共同选择在这里工作。他们要在这里完成留学时的梦想，书写中国人自己的建筑史。

营造学社的创始人朱启钤是著名的古建筑学家，当年梁启超寄给梁思成的《营造法式》就是他在江南图书馆发现并负责刊行的。他认为中国的营造学亟待系统的梳理和研究，对于中国建筑学，他在书中写道："方今世界大同，物质演进。兹事体大，非依科学之眼光，作有系统之研究，不能与世界学术名家公开讨论。"对中国建筑做系统研究，这和梁思成的理念与志向不谋而合。

20 世纪的前三十年，一批日本建筑史学家曾来到中国，足迹几乎遍布中国的全境，考察内容既包括中国的建筑，也有石窟文化、佛教文化遗址。1925 年，日本著名的建筑学家伊东忠太写了《中国建筑史》一书。1930 年 6 月，他在营造学社发表演讲，建议中日两国学者展开合作，共同研究中国建筑史。该工作"非从文献与遗物两方面进行不可"，他提出中国"方面以调查文献为主，日本方面以研究遗物为主"。言下之意，对中国古建筑的研究，日本学者在实物考察方面远比中国学者占优势。这显然刺伤了营造学社的中国学者们的民族自尊心，也让研究中国古建筑的学者们有了紧迫感。而梁思成、林徽因以及他们的学生刘致平等人的加入，给营造学社注入了新鲜血液，也让营造学社在实地测绘古建筑方面更具可行性。

营造学社社址在中山公园的一排平房里。这里远离游人，环境很清静。梁思成和林徽因，一进学社就为将来对古建筑做实地考察做准备工作。梁再冰回忆说："室内采光很好，长方形的大房间中有很多画图桌，从孩子的眼光来看，一切都十分新奇有趣：人人都在使用丁字尺和三角板！铅笔削得多么漂亮！"当然，事实上，学社的工作并不轻松，而且称得上枯燥。

建筑在中国历来被认为是一门手艺，由工匠师徒相传，没有留下什么文字记载。有着几千年悠久历史的中国，有关建筑技术方面的书籍仅有两部，一部是宋代李诫的《营造法式》，另一部是清代的《工程做法则例》。《营造法式》当时还无法解读。梁思成就从较为切近的清代的《工程做法则例》入手进行分析研究。梁思成找到两位一辈子在故宫做建筑维修的老木匠，对照《工程做法则例》，开始了对古建筑的解析和研究。他说："有《工程做法则例》做教科书，木匠们做教员，清代宫殿做教具，对清代建筑方法和规则的研究开始有了一个坚实的基础。"林徽因则协助梁思成搜集资料，研究历史典籍，制作整理卡片。

他们的工作庞杂而琐细，但又必要而切实，就像在鉴赏一件文物之前，必须懂得和熟悉那个朝代的工艺、风格一样，要研究中国的建筑历史，必须熟知中国历代建筑施工技术、方法的演变，如此才能对历代建筑艺术的年代及其价值予以准确的定位。

梁思成、林徽因在这种工作中得到了无穷的乐趣。尤其是林徽因，还在研究建筑史的同时，研究各个朝代的衣着服饰、生活习俗等文化特点。这些研究丰富了林徽因的学识，她每每在梁家客厅讲个不停，有趣的历史常识或历史知识因而成为他们聚会时的一大话题。

2. 测绘古建

1932 年的阳春三月，梁思成的《清代营造则例》和《营造算例》脱稿了，林徽因《论中国建筑之几个特征》也在《中国营造学社汇刊》上发表。这是林徽因第一篇建筑学研究的论文，也是她对中国建筑艺术纲领性的总结。文章中这样写道：

……虽然，因为后代的中国建筑，即达到结构和艺术上极复杂精美的程度，外表上却仍呈现出一种单纯简朴的气象，一般人常误会中国建筑根本简陋无甚发展，较诸别系建筑低劣幼稚。

这种错误观念最初自然是起于西人对东方文化的粗忽观察，常作浮躁轻率的结论，以致影响到中国人自己对本国艺术发生极过当的怀疑乃至鄙薄……

写作这篇论文时，她正怀着她和梁思成的第二个孩子，妊娠反应常常使她脸色苍白地离开写字台和绘图板。可整篇文章的思路之清晰，内容之完备，文字之精准，让人叹服。这样酣畅的笔墨仅仅用才华和灵气来解释是不够的，那实在是需要对中国古建筑知识的熟稔和对中国建筑相当深厚的情感才能做到。

对清代建筑文献的整理和对清代建筑实例的研究算是大略完成了，接下来，他们计划从华北地区辐射开去，实地考察中国明清以前的古代建筑。

早在 1931 年，梁思成的好友、基泰工程司建筑师杨廷宝路过北京鼓楼，看到鼓楼正在办展览，一楼的一面墙上挂着一幅大照片，图片说明写着“蓟县独乐寺”。回去后，杨廷宝向梁思成说起这张照片。梁思成立即跑去鼓楼观看，照片中的巨大斗拱，让他猜想这也许是一幢明清以前的建筑，事后，他们才得知这张照片的摄影者是日本的建筑学家关野贞。他立即想到要去实地测绘这座建筑，但当时天津局势动荡，梁思成未能成行。

到了 1932 年 4 月，时机成熟，梁思成外出考察第一站就选择了独乐寺。林徽因当时有孕在身，不能和梁思成同行，可营造学社当时又没有专职的测绘人员，正巧梁思成在南开大学上学的弟弟梁思达放春假住在哥嫂这里，梁思成就带着思达和营造学社的两个同事上了路。

这是梁思成第一次离开北平考察。当时中国县乡的交通极为不便，霍乱等传染病肆虐，食宿条件根本就谈不上，而且到处都可能遭遇杀人越货的盗匪。林徽因一整天都在担心，直到晚上接到梁思成报平安的电话，听到梁思成疲惫而又兴奋的声音，林徽因才放下心。

蓟县是一个山麓小城，净美可人。独乐寺的观音阁高耸城墙之上，离老远就可以看出这是一处古拙而醇和的建筑。它建于辽代统和二年（公元 984 年），在它建成一百多年后，才有《营造法式》。梁思成在调查报告里写道：“独乐寺观音阁及山门，在我国已发现之古木建筑中，固称最古，且其在建筑史上之地位，尤为重要。”观音阁是环绕着一尊高 16 米的观音塑像而建起的木结构建筑，共三层；安置观音的地方建成了一个中空的天井。人站在一层仰望观音塑像，显得高不可攀。拾级而上，到第三层，高及菩萨的前胸，可以看到观音的面容。古代的工匠在修筑这座建筑时，是如此匠心独运地处理高大的菩萨塑像和瞻仰朝拜者的关系。

梁思成一行人“实地研究，登檐攀顶，逐部测量，速写摄影，以纪各部特征”，完成了对独乐寺的考察测绘，回到北平后，在林徽因的协助下，梁思成发表了《蓟县独乐寺观音阁山门考》。这一学术报告引起中外建筑学术界的注目，因为这是我国第一篇用科学方法考察、研究中国古建筑的报告。尤其是日本建筑学界曾扬言，中国没有唐代古建筑，中国人要看唐代建筑，只能去日本。而独乐寺建于辽代统和二年，即公元 984 年，距离唐朝覆亡仅仅八十年。这大大鼓舞了中国建筑学界的知识分子们。

不仅如此，眼前这座活生生的辽代建筑实例，为梁思成破译《营造法式》之谜，开启了一扇窗口。

因为梁思成曾在《营造法式》上见过独乐寺的建筑构件和特点，比如侧角、生起、斗拱，实物和书上的概念一一对应，很多书上看不懂的东西，通过这一次调查他弄明白了。而这些东西，在他过去调查明清时代的故宫时是弄不明白的。

梁思成这趟独乐寺之行虽然收获多多，却也忧心独乐寺得不到有效保护。

（独乐寺）观音阁及山门，既为我国现存建筑物中已发现之最古者，且保存较佳，实为无上国宝。如在他国，则政府及社会之珍维保护，唯恐不善。而在中国则无人知其价值，虽蓟人对之有一种宗教的及感情的爱护，然实际上，蓟人既无力，亦无专门智识，数十年来，不唯任风雨之侵蚀，且不能阻止军队之毁坏。今门窗已无，顶盖已漏，若不及早修葺，则数十年乃至数年后，阁、门皆将倾圮，此千年国宝，行将与建章、阿房同其命运，而成史上陈迹。

乘着考察独乐寺的成功，同年6月，梁思成又考察了宝坻的西大寺。他在《宝坻县广济寺三大士殿》中记录了他们一路来宝坻的窘况："那时微冷的六月阳光，已发出迫人的热焰。汽车站在猪市当中——北平全市每日所用的猪，都从那里分发出来——所以我们在两千多只猪惨号声中，上车向东出朝阳门而去……

"我们简直就在泥泞里开汽车，有许多地方泥浆一直浸没车的蹬脚板，又有些地方车身竟斜到与地面呈四十五度角，路既高低不平，速度直同蜗牛一样。

"下车之后，头一样打听住宿的客店，却都是苍蝇爬满，窗外喂牲口的去处。好容易找到一家泉州旅馆，还勉强可住……泉州旅馆坐落在南大街……南大街每日最主要的商品是咸鱼——由天津经一百七十里路运来的咸鱼——每日一出了旅馆大门便入'咸鱼之肆'。"

就在这样的境况下，他们在宝坻住了五天，实地测量了宝坻的西大寺，在西大寺的三大士殿厚厚的尘土和堆积的稻草中，梁思成惊喜地发现了《营造法式》中“彻上露明造”的梁枋结构。

“无论殿内殿外的斗拱和梁架，”梁思成在报告中写道，“我们可以大胆地说，没有一块木头不含有结构的机能和意义的。在殿内抬头看上面的梁架，就像看一张X光线照片，内部的骨干，一目了然，这是三大士殿最善最美处。”

对于这新的发现，他满怀感激：“在发现蓟县独乐寺几个月后，又得见一个辽构，实是一个奢侈的幸福。”

这种幸福感，足以使他忘记一路的艰辛和狼狈。

外出考察后回到家里，梁思成便觉得自己是最幸福的人。洗去一身的疲惫，坐在松软的沙发上，捧着一杯热茶，林徽因一边急切地询问他考察中的各种情形和见闻，一边啧啧称赞他实地测绘的成果。她看着沉浸在幸福和满足感中的梁思成，暗下决心下次一定和梁思成一道外出，亲眼见见那些历经历史风云而留下来的珍宝。

林徽因在这年的8月生下儿子，取名梁从诫，以向《营造法式》的作者李诫致意，诞下梁家长孙对于林徽因来说，是个极好的交代。从这一点来说，林徽因多少也受到重男轻女的影响，承受着为梁家传宗接代的压力。

这一时期，梁思成和林徽因为北京大学设计了地质馆，还设计了北京大学灰楼女大学生宿舍。灰楼的楼梯扶手要比一般宿舍楼的楼梯扶手略窄一些，因为考虑到女学生的手比较纤小。林徽因看重细节，讲究细节的完美。只有细节完美了，目光所及之处才会是一片和谐的景象。

1933年春，林徽因就和梁思成一起去河北正定测绘了隆兴寺和正定其他古建筑。

同年9月，梁思成要去山西考察，林徽因仍然决定要一同前往。这个决定并不容易下，因为路程太远，离开北平的时间太久，两个孩子还太小，她放心不下，但她更不想错过亲自去看一眼古建筑的机会。

临去前，他们要做各种准备。

首先他们要花不少时间跑图书馆，阅读各地的地方志和其他书籍，了解准备考察的地方的历史、地理等方面的情况，记录下其中有关建筑的文字，以制定考察目录和考察计划。这是林徽因的强项。

另外他们还要得到当地政府的支持。他们考察的地方多是些穷乡僻壤，如果没有当地政府的支持，他们的行动就会因为不被当地人理解而受阻，有时他们甚至有生命危险。

当然，也得有物质上的准备。他们除了测量和照相的仪器外，每个人都备有一个工具包，当他们攀缘在古建筑上时，包里那些可以伸缩的尺子和其他自制的工具都可以派上用场。他们还准备了轻便的吊床、行军床和一些罐头食品，以备野外考察无食宿的状况。这都是他们多次考察得出来的经验。

梁思成、林徽因计划先到大同，再去应县。大同有云冈石窟，应县有辽代木塔。很长一段时间以来，应县的那座古老木塔就一直让梁思成寝食难安，吃饭、洗脸、走路都惦念着。他不知那木塔是否还在。即使还在，是否还是建于辽代的那座。过去的考察中有过这样的经历：千辛万苦地跑了很远，结果见到的要么是一片废墟，要么是明清以后的仿建品。

梁思成盼望着能看到一张应县木塔的照片，只要看一眼照片，他就能判断这座建筑的建筑年代。一天上午，林徽因从门房那里拿回当日的报纸和信件，一个自制的牛皮纸信封引起了她的好奇。那信封上的寄信人地址是：山西省应县白云斋照相馆。

原来，梁思成想出了这么个主意。他先寄一封信到应县去投石问路，收信人地址写的是“探投：山西应县最高等照相馆”。信中，他请应县照相馆的人帮忙拍一张近期应县木塔的照片。没想到，“应县最高等照相馆”居然有了回音。

林徽因笑梁思成对应县木塔着了魔了，才想出这又呆又愚的可笑办法，而梁思成看到照片，断定那就是辽代的木塔，则万分得意自己的小巧思。

很快，两夫妻及营造学社的刘敦桢、莫宗江一行五人前往大同。

3. 诗意山西

林徽因半年时间没有外出了。乍一出来，她很是兴奋，看什么都带着“诗意”。她在《山西通信》一文中写道：

我是没有出过门的，没有动身之前不容易动，走出来之后却就不知道如何流落才好。旬日来眼看去的都是图画，日子都是可以歌唱的古事。

……

我们因为探访古迹走了许多路，在种种情形之下感慨到古今兴废。在草丛里读碑碣，在砖堆中间偶然碰到菩萨的一双手、一个微笑，都是可以激动起一些不平常的感觉来的……由北平城里来的我们，东看看，西走走，夕阳背在背上，真和掉在另一个世界里一样！云块，天，和我们之间似乎失掉了一切障碍。

林徽因最初是带着诗意的眼光踏访山西的，可那里的贫穷与落后很快让他们吃了苦头。他们到了大同发现，在这里居然找不到投宿的地方。车马店是唯一的“接待站”。

无奈之下，他们回到了大同火车站，不期碰到了车站站长李景熙。他当年在美国宾夕法尼亚大学学习铁路运输，与梁、林二人是同学。他乡遇故知，疲惫的一行人分外高兴。

李景熙把梁思成一行接到自己家里，腾出房间，安排他们住下。梁思成、林徽因不愿意再让老同学为这么多人的饮食操心，第二天找到了市政当局。市政官员吩咐一家餐馆供给他们饮食。在大同考察期间，他们每天在这里就餐，一日三餐的伙食是一人一碗汤面条。面对这样艰苦的生活条件，他们也能安之若素，甚至为有这么一碗汤面条而心存感激。

他们测绘了建于辽金时代的华严寺和善化寺。然后，他们到了云冈石窟，着手考察石刻艺术中所表现的北魏建筑风格。

云冈石窟，是中国早期佛教艺术壮观的遗迹，是北魏艺术的实证。《水经注》中记载着当时的盛况：“凿石开山，因岩结构，真容巨壮，世法所希，山堂水殿，烟寺相望……”

而这时的云冈因为地处偏僻，几乎没有什么游人。空旷的山崖上看不到一棵树，连落日也仿佛带着古意，那一座座石窟和石窟中的一尊尊佛像仿佛有灵性般地守望着这块贫瘠干旱的土地。

这里离市区太远，他们又陷入找不到住处的窘境。没有饭店，没有旅馆，没有任何公共设施，甚至连车马店也没有。他们只好求助于当地的农民。一户农家终于答应借给他们一间房子，房子没有门窗，没有一件家具，只剩下屋顶和透风的四壁。他们也只好在这间房子里摊开了行李。

大同的气候昼夜温差很大，中午热得穿单衣，夜里盖棉被还冷得缩成一团。

吃饭也就在这个农家搭伙，每天的主食都是煮土豆和玉米面糊糊，偶然吃到一点咸菜就算佐餐佳品。

就在这样的条件下，他们考察了云冈诸窟的平面及其建筑年代，考察了石刻中所表现的建筑形式：塔、殿宇、洞口柱廊；以及石刻中所见的建筑部分：柱、阑额、斗拱、藻井，还有石刻中的飞仙及装饰花纹——北魏时期的建筑形式和建筑特点栩栩如生地呈现在他们面前。

林徽因在《云冈石窟中所表现的北魏建筑》一文中描述了云冈石窟的飞仙图特点：

洞内外壁面与藻井及佛后背光上，多刻有飞仙，作盘翔飞舞的姿势，窈窕活泼，手中或承日月宝珠，或持乐器，有如基督教艺术中的安琪儿。飞仙的式样虽然甚多，大约可分两种，一种是着印度湿褶的衣裳而露脚的，一种是短裳曳长裙而不露脚，裙末在脚下缠绕后，复张开飘扬的。二者相较，前者多肥笨而不自然，后者轻灵飘逸，极能表出乘风羽化的韵致，尤其是那开展的裙裾及肩臂上所披的飘带，生动有力，迎风飞舞，给人以回翔浮荡的印象。

在山西各地进行测绘的工作期间，林徽因总是特别注重民间艺术的美以及创造力。山村的土戏台，集市上农家人织的土布，一个式样古拙的长命锁，一只造型简雅的陶土罐——小件的东西她会买下带走，带不走的她总是要求梁思成拍下来。行程不定，装备有限，梁思成很注意节约胶卷，但他又不忍拂了林徽因的心愿。

他们的工作惊动了远近的村人。人们传说着从京城里来了几个先生，每天不是画庙就是画菩萨，还扯着尺子到处量。其中有个女先生，长得好看不说，说话、待人还和气得很。

村人们的生活很单调，他们都爱看热闹。远处的教书先生来了，军队里的士兵拉着马过来了，媳妇们拉着手站在一边，嘀嘀咕咕地说笑着，小孩们在大人腿边挤来挤去。梁思成选取不同的角度照相，林徽因拉着皮尺量平面，人群发出一阵一阵“嗡嗡”的议论声。

当他们在北齐天保三年造像碑上拓片时，教书先生主动过来帮忙。“这碑有年头了吧？”他问。

“有年头了，”刘敦桢回答，“差不多有一千四百年了。”

“呀，一千四百年！”他们惊讶声中充满了骄傲。不光他们骄傲，营造学社的同人们也骄傲。

他们要去考察应县的辽代木塔，这是林徽因向往已久的事情。但在出发前梁思成让林徽因先回了北平。一来离开北平的时间久了，家中老小让人放心不下；二来林徽因的体质受不了这样长时间的折腾。梁思成答应林徽因，及时把考察中的情形写信告诉她。

林徽因回到北平家中没几天，就接连收到了梁思成的信。

第一封信：

……你走后我们大感工作不灵，大家都用愉快的意思回忆和你各处同作的畅顺，悔惜你走得太早。我也因为想到我们和应塔特殊的关系，悔不把你硬留下同去瞻仰。家里放下许久实在不放心，事是绝对没有办法，可恨。……

第二封信：

……今天正式地去拜见佛宫寺塔，绝对的 drewbelming，好到令人叫绝，喘不出一口气来半天！

塔共有五层，但是下层有副塔（注：重檐建筑之次要一层，宋式谓之副塔），上四层，每层有平座（实算共十层），因梁架斗拱之间，每层须量俯视，仰视，平面各一；共二十个平面图要画！塔平面是八角，每层须做一个正中线和一个斜中线的断面。斗拱不同者三四十种，工作是意外的繁多，意外的有趣……

塔身之大，实在惊人。每面开三间，八面完全同样。我的第一个感触，便是可惜你不在此同我享此眼福，不然我真不知你要几体投地的倾倒！回想在大同善化寺暮色里同向着佛像瞪目咋舌的情形，使我愉快得不愿忘记那一刹那人生稀有的，由审美本能所触发的锐感。尤其是同几个兴趣同样的人，在同一个时候浸在那锐感里边。

……

工作繁重，归期怕要延长得多，但一切吃住都还舒适，住处离塔亦不远，请你放心……

第三封信：

……离家已将一月却似更久。想北平正是秋高气爽的时候。非常想家！

相片已照完，十层平面全量了，并且非常精细，将来誊画正图时可以省事许多。明天起，量斗拱和断面，又该飞檐走壁了。我的腿已有过厄运，所以可以不怕。现在做熟了，希望一天可以做两层，最后用仪器测各檐高度和塔刹，三四天或可竣工。

这塔真是个独一无二的伟大作品。不见此塔，不知木构的可能性到了什么程度。我佩服极了，佩服建造这塔的时代，和那时代里不知名的大建筑师，不知名的匠人。

第四封信：

……今天工作将完时，忽然来了一阵“不测的风云”。在天晴日美的下午五时前后狂风暴雨，雷电交作。我们正在最上层梁架上，不由得不感到自身的危险，不单是在二百八十多尺高将近千年的木架上，而且紧在塔顶铁质相轮之下，电母风伯不见得会讲特别交情。我们急着爬下，则见实测记录册子已被吹开，有一页已飞到栏杆上了。若再迟半秒钟，则十天的工作有全部损失的危险，我们追回那一页后，急步下楼——约五分钟——到了楼下，却已有一线骄阳，由蓝天云隙里射出，风雨雷电已全签了停战协定了。我抬头看塔仍然存在，庆祝它又避过了一次雷打的危险，在急流成渠的街道上回到住处去。

……

林徽因读着信，想象着梁思成在应县的情形。她知道，梁思成把这一切都描述得轻松愉快，而实际的测量工作则是繁难危险的。

梁思成一行回到北平后，莫宗江给林徽因讲述了他们的测量过程，说到当时的惊险情形，他仍然心有余悸："塔高六十多米，我们站在塔的最高一层，已经感到呼呼的大风，我们上到塔顶时更感到会给风刮下去。但塔刹还有十几米高，从塔顶到塔刹除了几根铁索外，没有任何可攀缘的东西，真是令人望而生畏。梁先生凭着他当年在清华做学生时练就的臂力，硬是握着凛冽刺骨的铁索，两腿悬空地往塔尖攀去。这些古建筑都年久失修，有时表面看上去很好的木板，一脚踏下去都是糟朽的。这座八九百年的古塔，谁知道那些铁索是否已锈蚀、断裂。我们在下面望着不禁两腿瑟瑟发抖。梁先生终于登上塔刹，于是我也相随着攀了上去，这才成功地把塔刹的各部尺寸及做法测绘了下来。”

测绘了应县木塔，梁思成离解读《营造法式》又近了一步，也给自己将来要书写的《中国建筑史》添加了重要材料。

有了考察应县木塔的经历，梁思成养成了一个习惯。他只要听到别人谈及或从报刊书籍中看到哪个地方有古建筑，他就会写信给当地的邮政局局长，并随信寄上所需费用，请他帮忙设法弄到这个建筑物的照片。收信人无论是否理解这种行为的意义，一般都会为写信人的至诚和信任所感动，照写信人的要求拍下照片寄回。由此，梁思成得到了一些极有价值的古建筑遗存信息。

4. 探访广胜寺

1934 年的春节，脱稿两年的《清式营造则例》一书终于由京城印书局出版印行了。装帧设计简单素雅，封皮的右上角，手绘的斗拱图案旁边的“梁思成”三个字秀气醒目。

梁思成在序言中写道：“内子林徽因在本书上为我分担的工作，除绪论外，自开始至脱稿以后数次的增修删改，在照片之摄制及选择，图版之分配上，我实指不出彼此分工区域，最后更精心校读增削。所以至少说她便是这书一半的著者才对。”

同年夏天，梁思成、林徽因计划带孩子去北戴河避暑。北戴河有一幢梁启超在世时置买的别墅，梁家众兄弟姊妹总是在那里团聚、度假。他们想邀请费正清、费慰梅一同前往，没想到前去邀请的梁思成刚一开口，费正清就兴高采烈地说，他和费慰梅正准备邀请梁思成、林徽因一同去山西汾阳消夏。

汾阳城外的峪道河，是吕梁山麓风景最秀美的地方。原本峪道河有数十家磨坊，主要以这河的河水为动力。近代以来，电动磨面机出现了，平遥一带成了山西的面粉业中心，峪道河的磨坊日渐萧条以至于沉寂。一些外国传教士喜爱这里清幽的环境，买下了这些磨坊改造成别墅，每到夏天就来这里度假。费正清夫妇要去的，就是一位传教士朋友的磨坊别墅。

梁思成、林徽因一商量立刻改变了前往北戴河的计划，决定接受费正清夫妇的邀请，因为他们看中了离汾阳不远的广胜寺。

1933 年，人们在广胜寺发现了宋版藏经，此发现轰动了整个学术界。梁思成和林徽因分析，既然广胜寺所藏的佛经是宋版的，那么广胜寺就有可能修建于宋代或更早的年代。从地图上看，汾阳城距赵城不远。他们如果既能与朋友一起度假，又能了却考察广胜寺的心愿，又何乐而不为呢?

林徽因、梁思成一到那里，就用职业眼光探寻磨坊别墅的优点，林徽因在《晋汾古建筑预查纪略》中记载道：

磨坊利用急流的溪水做发动力，所以必须引水入庭院而入室下，推动机轮，然后再循着水道出去流入山溪。因磨粉机不息的震动，所以房子不能用发券（仰拱），而用特别粗大的梁架。因求面粉洁净，坊内均铺光润的地板。凡此种种，都使得磨坊成一种极舒适凉爽，又富有雅趣的住处，尤其是峪道河深山深溪之间，世外桃源里，难怪被洋人看中做消夏最合宜的别墅。

他们夫妻俩拿出地图圈圈点点，计划着以峪道河为出发点，把邻近几个县的庙宇建筑作为重点考察的范围，估计需要一个月左右的时间。

费正清和费慰梅原打算在峪道河悠闲地度一个暑假，可梁思成、林徽因的计划吸引了他们。费正清对中国的历史文化本来就有兴趣，而费慰梅更喜欢中国的艺术，他们没有怎么犹豫就随同梁思成、林徽因参加了古建筑考察。

除考察庙宇的建筑艺术之外，林徽因还特别注重建筑同周围环境的和谐感和美感，在这方面，她尤其喜欢山西：

> 山西庙宇的远景，无论大小都有两个特征：一是立体的组织，权衡俊美，各部参差高下，大小相依附，从任何视点望去均恰到好处；一是在山西，砖筑或石砌物，斑彩淳和，多带红黄色，在日光里与山冈原野同醉，浓艳夺人，尤其是在夕阳西下时，砖石如染，远近殷红映照，绮丽特甚。

峪道河两岸的山崖上，有好几处庙宇。东岩上的实际寺，以风景优美著名。山头的龙王庙，因峪道河的源头马跑泉享受了千年的香火。西岩的南头是关帝庙，几经修建，式样混杂。西岩的北头是龙天庙，看上去规模稍大，他们选择了这里进行考察。

“庙中空无一人，蔓草晚照，伴着殿庑石级，静穆神秘。”他们考察了山门、钟鼓楼、正殿，画了平面图，抄了碑文，拍摄了照片，离开了龙天庙。林徽因在文章中下了结论：“北头一座龙天庙，虽然在年代或结构上并无可以惊人之处，但秀整不俗，我们却可以当它作山西南部小庙宇的代表作品。”

此后的日子可没有这么轻松。他们走遍了文水、汾阳、孝义、介休、灵石、霍县、赵城等地。“餐风宿雨，两周艰苦简陋的生活，与寻常都市相较，至少有两世纪的分别。”但收获也是巨大的，“我们所参诣的古构，不下三四十处，元明遗物，随地遇见。”林徽因在文章中写道。

在考察这些地方的古建筑时，梁思成负责一丝不苟的踏勘记录、绘图，林徽因除测绘外，则更喜欢以诗意的笔触，写下她独特的审美感受。

在汾阳县的小相村灵岩寺，她对几尊露天趺坐的佛像情有独钟：

进门只见瓦砾土丘，满目荒凉，中间天王殿遗址，隆起如冢，气象堂皇……更进又一土丘，当为原来前殿——中间露天趺坐两铁佛，中挟一无像大莲座；斜阳一瞥，奇趣动人，行人倦旅，至此几顿生妙悟，进入新境。再后当为正殿址，背景里楼塔愈迫近，更有铁佛三尊，趺坐慈静如前，东首一尊且低头前伛，现悯恻垂注之情……

在孝义县吴屯村东岳庙，她打趣庙宇屋顶建筑繁复的装饰结构：

夜宿村东门东岳庙正殿廊下；庙本甚小，仅余一院一殿，正殿结构奇特，屋顶的繁复做法，是我们在山西所见的庙宇中最已甚的。小殿向着东门，在田野中间镇座，好像乡间新娘，满头花钿，正要回门的神气……

在霍县，北门外桥配饰的粗制滥造及桥上铁牛形象的丑陋，令她失望。她毫不留情地挖苦批评：

北门桥上的铁牛，算是霍州一景，其实牛很平常，桥上栏杆则在建筑师的眼中，不但可算一景，简直可称一出喜剧。

桥五孔，是北方所常见的石桥，本无足怪。少见的是桥栏杆的雕刻，尤以望柱为甚。栏版的花纹，各个不同，或用莲花、如意、万字、钟、鼓等等纹样，刻工虽不精而布置尚可，可称粗枝大叶的石刻。至于望柱，柱头上的雕饰，则动植物、博古、几何形无所不有，个个不同，没有重复，其中如猴子、人手、鼓、瓶……以及许多无名的怪形体，粗糙罗列，如同儿戏，无一不足，令人发笑。

至于铁牛，与我们曾见过无数的明代铁牛一样，笨蠢无生气，虽然相传为尉迟恭铸造，以制河保城的。

林徽因在建筑学论述中，强调建筑与人的感情、感受的对应关系，她指出，面对不同的建筑，尤其以寺庙和石窟佛像为主，人会产生不同的情感：崇高的、愉悦的、宁静的或忧伤的。她的建筑学论文处处留下了自己在人文的、审美的、情感的和价值判断方面的印记。

整个山西之行中，他们考察的重点是赵城县的广胜寺。而这也是整个考察行程中，最艰难的一段路程。

从介休县到赵城县有三百余里，当时山西正在修筑同蒲铁路。铁路未建好，公路却多段被毁，一旦下雨，这些路段就成了难以涉足的烂泥塘。不仅汽车不能行驶，连马车、驴车都无法前行。如此三百余里，他们几乎全是徒步走过来的。费正清在《费正清中国回忆录》里写了他们的一段经历："大概在午夜时分，我们来到了霍州附近，我们踉踉跄跄地穿过西门，找到了一个向导。他放下手中的鸦片带我们来到了中国内地会。在这里，我们吃了陈夫人为我们准备的无比好吃的汤面，躺在床上时已经是凌晨一点钟了。这一天，我们走了三十里总路程的将近二十里。"

路途中，他们住过肮脏无比的小客店，睡过农家的大炕，也借宿过费正清夫妇问寻到的传教士住处——他们此行住过的最舒适干净的住处。尽管这现实令林徽因和梁思成的民族自尊心感到难堪。

不过，对于费正清而言，在路上的梁思成则别有一番魅力，他在文中写道："我们还见识过梁思成用老派的上层社会方式与军官和地方官员打交道。例如，当我们在寺庙和军队争用露营地的时候。他虽人很瘦小，而且有些跛脚，但是他表面上看充满自信，穿着也很现代。他低调、礼貌而恭敬地将其名片递出，上面印满了各种头衔和机构团体，高雅的谈吐中时不时会提及几个名人，这时候谈话的对象也会变得越来越有礼貌并开始想方设法地帮助我们。"可见梁思成在当时的动荡环境里自有一套处世智慧。

历经了重重困难，他们四人终于到达广胜寺，林徽因在文章里记录下他们到达广胜寺的情形：“……霍山如屏，晚照斜阳早已在望，气象反而开朗宏壮，现出北方风景的性格来。因为我们向着正东，恰好对着广胜寺前行，可看其上下两院殿宇，及宝塔，附依着山侧，在夕阳渲染中闪烁辉映，直至日落。寺由山下望着虽近，我们却在暮霭中兼程一时许，至人困骡乏，始赶到下寺门前。”

他们观察了广胜寺下寺前殿的斗拱用大昂的结构（昂原是唐宋建筑中的斗拱上以杠杆作用、起到对屋顶支撑作用的斜置构件，到明清则是不起力学作用的装饰），林徽因写道：“这种构架，在我们历年国内各地所见许多的遗物中，这还是第一个先例。尤其重要的，是因日本的古建筑，尤其是飞鸟灵乐等初期的遗构，都是用极大的昂，结构与此相类，这个实例乃大可佐证建筑家早就怀疑的问题，这问题便是日本这种结构法是直接承受中国宋以前建筑规制，并非自创，而此种规制，在中国后代反倒失传或罕见。同时使我们相信广胜寺各构，在建筑遗物实例中的重要，远超过于我们起初所想象的。”

林徽因在考察完广胜寺，在《晋汾古建筑预查纪略》中写道：“（广胜寺前殿）柱头与柱头之间联络，阑额较小而普拍枋宽大，角柱上出头处，阑额斫作头，普拍枋头斜抹角。我们以往所见两普拍枋在柱头相接处（即《营造法式》所谓‘普拍枋间缝’），都顶头放置，但此殿所见，则如《营造法式》卷三十所见‘勾头搭掌’的做法，也许以前我们疏忽了，所以迟迟至今才初次开眼。”

林徽因和梁思成在一次次的考察中，一点点地解读《营造法式》，这本书终于不再是天书了。

本来，考察完广胜寺，他们此行的任务也就算结束了。可翻阅赵县县志时，他们却意外地发现县志上记载着，在城东三十里的霍山中，有一座建于唐代的兴唐寺。从地图上看，兴唐寺距广胜寺只有二十里。可后来一打听才知道，从广胜寺到兴唐寺无路可走，必须下山绕行，再折回霍山向东上山二十里，才能抵达。不过，既然已经到了这里，又是一座他们久欲寻觅的唐代建筑，岂能白白放过。于是他们完成广胜寺的考察后，未事休整，就向兴唐寺出发了。

这次去兴唐寺的经历，林徽因在文中记载得尤为详细：

我们晨九时离开广胜寺下山，等到折回又到了霍山时已走了十二个小时！沿途风景较广胜寺更佳，但近山时实已入夜，山路崎岖，峰峦迫近如巨屏，谷中渐黑，凉风四起，只听脚下泉声奔湍，看山后一两颗星点透出夜色，骡役俱疲，摸索难进，竟落后里许。我们本是一直徒步先行的，至此更得奋勇前进，不敢稍息(怕夫役强主回头，在小村落里住下)，入山深处，出手已不见掌，加以脚下危石错落，松柏横斜，行颇不易。喘息攀登，约一小时，始见远处一灯高悬，掩映松间，知已近庙，更急进敲门。

等到老道出来应对，始知原来我们仍远离着兴唐寺三里多，这处为霍岳山神之庙亦称中镇庙。乃将错就错，在此住下。

他们饥饿难耐，立刻又去弄了吃的，入睡时，看到屋顶颇有特色，他们又拿起油灯，“细查梁架，知其非近代物”，他们对古建筑的研究已近乎一种本能。第二天到了兴唐寺，发现建筑都已经拆建，实在无一样值得记录。他们只好扫兴而归。

山西之行近一个月的时间里，梁思成、林徽因与费正清、费慰梅朝夕相处。他们一起商量每天的行程，一起在曲曲折折的山路上跋涉，费正清夫妇甚至学会了简单的测绘。

刚开始，费慰梅很不适应林徽因起伏变化的情绪。常常有这样的情形，体力的透支和恶劣的环境使林徽因的心情坏透了，她抱怨批评落后的社会环境，诅咒糟糕的道路和天气，尖刻地嘲笑阎锡山在山西境内铺设的可笑的窄轨铁路……还有为了一点小钱把寺院壁画撕下来卖给外国人的猥琐的僧人……这一切都让林徽因情绪反应激烈。温和敦厚的费慰梅面对情绪激动的林徽因，常常不知道该怎么办才好，她觉得这个急躁激动的林徽因和那个快乐优雅的林徽因简直判若两人，可又觉得这样的林徽因才真实，才饱满。

梁思成习惯了林徽因的坏脾气，他自有办法应对。等林徽因的坏情绪发泄得差不多的时候，他一句笑话、一句安慰就能安抚林徽因，然后大家继续专注地、坚定不移地按既定计划做事。他的豁达、包容和幽默是林徽因最好的镇静剂。

共同的行程，使费正清夫妇更深切地了解了梁思成夫妇的为人和他们工作的意义。原本热爱艺术的费慰梅受梁林二人的影响从此迷上了中国的古建筑研究，在以后的岁月里，她对于中国山东武梁祠重建的构想，使她在美国建筑学界享有了声誉。她据此写出的《“武梁祠”祭坛》，在哈佛大学出版，梁思成和林徽因为之欢欣鼓舞。两个家庭的亲密友谊贯穿了他们的一生。

第六章　繁花将尽

午后的阳光仍然斜照，庭院阒然，离离疏影，房里窗棂和梅花依然伴和成为图案，两根蛛丝在冬天还可以算为奇迹，你望着它看，真有点像银，也有点像玻璃，偏偏那么斜挂在梅花的枝梢上。

——林徽因《蛛丝和梅花》

1. 初有成果

几年来，营造学社野外考察的成果逐渐被社会所认识。营造学社主办的建筑学术期刊《中国营造学社汇刊》在海内外学术界日益受到重视。欧美的建筑学同行从这份期刊上了解到了中国建筑学者们的工作。梁思成一时间成了国际知名人士。

1934 年底，中央研究院拨款 5000 元给营造学社，要营造学社测绘出北京故宫的全部建筑，然后出一本专著，梁思成是这项工程的负责人。

1935 年初，南京政府决定，由梁思成担任山东曲阜孔庙修缮和养护工程的首席顾问。

同年，北平市政府成立专门研究、修缮古建筑的北平文物整理委员会，简称文整会。经过招标，文整会委托当时在建筑界很有名气的基泰工程司来承担天坛的测绘及修缮工作；同时特聘朱启钤、梁思成、刘敦桢、林徽因等古建专家，作为工程的技术顾问，梁思成的宾大校友杨廷宝以基泰工程司总建筑师的身份指导工程实施的全过程。其间，梁思成与林徽因夫妇常常亲临天坛修缮现场。

一次，他们登上祈年殿殿顶测绘，林徽因自嘲说，自己是第一个登上祈年殿顶的女人。

一同工作的助手为他们拍下了当时的照片。林徽因笑着和梁思成站在一起，她身穿长长的旗袍，一顶小斗笠放在旁边。她那身装束并不便于攀登，但她就这样攀上了祈年殿的殿顶。

那个时候，梁思成还兼任着北平文物保护委员会顾问，整天在北平的各大古建筑间奔忙，还有机会与建筑学届的老友聚在一处，这样的忙碌让他十分愉快，也格外精神。恍惚间，他似乎忘了越来越紧张的局势。

1935 年是一个特殊的年份，日军制造了一系列事端，“何梅协定”签订，华北危在旦夕，每当从报纸上读到这些坏消息时，林徽因就会产生一种不祥的预感，从来善于安抚林徽因情绪的梁思成则往往忍不住愤怒，将报纸扯烂，扔进火炉。

梁思成和林徽因有一个共识，一定要抢在大破坏到来之前，把华北一带的野外考察完成。他们隐隐感觉到，要完成这项工作，可能已经没有多少时间了。

偏偏这时，林徽因肺结核复发，医生再次警告，她需要休养三年，她告诉梁思成她需要休养半年。而梁思成忙于修复古都的许多寺庙、厅堂、高塔和门楼，实在抽不出时间去外地考察。

北平城内硝烟味越来越浓，各高校都开始酝酿搬迁事宜了。费正清和费慰梅准备回国了，在回国之前，费慰梅看着病弱的林徽因，建议她到郊外骑马，一来锻炼身体，对肺部有好处，二则能散散心。林徽因很快就爱上了这项运动，费慰梅也尽可能陪着她，她的身体竟奇迹般地好转了。

1935年冬，费正清和费慰梅回国了。林徽因给他们写信道：

> 自从你们两人来到我们身边，并叫我注入了新的活力和对生活以及对未来的新看法以来，我变得更加年轻、活泼和有朝气了……
>
> 你们知道，我是在双重文化的教养下长大的，不容否认，双重文化的接触与活动对我是不可少的。在你们俩真正在（北总布胡同）3号进入我们的生活之前，我总是觉得若有所失，缺了点什么，有一种精神上的贫乏需要营养，而你们的“蓝色书信”充分地补足了这一点……

费正清夫妇的离开，让林徽因低落了很久。她知道她和梁思成，还有整个国家，都将面临越来越恶劣的形势。

1936年4月，美国著名城市规划学家克拉伦斯·斯坦因和夫人来到了北平。他们对中国古代建筑的兴趣使梁思成、林徽因与他们一见如故。

在与克拉伦斯·斯坦因的交流中，梁思成接触和了解了当时建筑学的新兴学科——城市规划学科的发展和前景，这一学科代表着建筑学界最新的潮流，梁思成也想在这方面重点钻研学习，无奈他写《中国建筑史》的愿望还没有完成。中国人写自己的《中国建筑史》，是历史留给他的使命，他的首要任务是这个。1946 年，梁思成在完成《中国建筑史》后访美，就住在斯坦因先生的家里，两人交流了很多城市规划的前景，梁思成也想按照科学的规划建设自己的国家，无奈那时的中国还陷在隆隆炮声里……

1936 年 5 月，林徽因与梁思成一同前往洛阳，会同正在河南调查古建筑的刘敦桢、陈明达、赵正之等人一起考察龙门石窟。

龙门石窟位于洛阳南的伊河畔。石窟造像始于公元 493 年北魏孝文帝迁都洛阳之时，经过北齐、北周、隋等朝代，龙门石窟初具规模。到了唐代，龙门逐渐成为皇室、贵族造像活动的中心。到了近代，窟龛共二千一百多个，与敦煌的莫高窟、大同的云冈石窟并称为中国的三大石窟。

20 世纪 30 年代的龙门，地处荒郊，道路不通，人烟稀少。山上荆棘蒿草高可没人，小径湮灭，崎岖难行。

林徽因用雨伞拨开蒿草，辨识着路径。山崖上横生的杂草荆棘不时地扯挂着她的衣襟和头发，她索性掏出随身携带的毛巾系在头上。梁思成笑她：“嗬，真成了北方农家的媳妇了。”

同以往一样，他们一行各有分工。梁思成、陈明达为洞窟和佛像拍照，林徽因记录佛像和窟龛的雕饰，刘敦桢为洞窟编号和记录建筑特征，赵正之抄录铭刻和开凿年代。

石窟年久失修，铭刻漫漶不清，许多雕像被风化剥蚀得面目全非。他们的工作进展缓慢。梁思成在摄影时为了选取合适的角度，常常忘记脚下的险径。一次，他没留神差点跌下山去，当场吓得林徽因魂飞魄散。

他们来到了奉先寺——龙门十寺之一，顿时被这里的气魄宏大的雕像所震慑，精神不由得为之一振。高达 17 米的卢舍那大佛端坐在群像之中，气度恢宏，法相庄严。

梁思成连声赞叹："如此高大的佛像，怎么能雕凿得如此传神!"

大家都注意到了，奉先寺向外十几米就是悬崖，上是青天，下临伊水。工匠们显然不能后退观察佛像整体面部之后再做各处细节的雕刻，而隔河相望又太远，当时还没有望远镜之类的辅助工具，他们是靠什么来把握佛像表情的呢？大家对古代工匠们的高超技艺感佩不已。

林徽因摘下头上的毛巾垫着石阶，静静地坐着，长时间地仰望着这神奇的杰作。她觉得那一尊尊佛像都有生命，他们或安详或威严地凝视着自己，她全身心沉浸在这撼人心魄的体验中。

她在写给费正清夫妇的信中说："我径坐在龙门最大的露天石窟下面，九尊最大的雕像以各种安详而动感的姿态或坐或立地盯着我看（我也盯着他们!）……哦！我简直兴奋得透不过气来，眼前的一切景象都令我如此激动……面对这样壮观的景象，对它们的一种敬畏感使我折服。这种敬畏感，只能来自于亲眼所见的经历。"

从龙门回到洛阳城里的旅店，他们本打算早早睡下，可刚刚在床上铺好自己带来的床单，床单上立刻就落上了一层沙土。抖落掉之后，转眼间又是一层。他们感到奇怪极了，仔细一看才发现，原来床单上落的不是沙土，而是密密麻麻成千上万只跳蚤。

这一夜，他们是在人蚤大战、辗转反侧中度过的。

刘敦桢在日记中写道："寓室湫隘，蚤类猖獗，终夜不能交睫。"

此行，他们在龙门踏察了四天。

离开龙门，林徽因和梁思成又去开封考察了繁塔、铁塔、龙亭，然后从开封到山东，考察了长清、泰安、济宁等 11 地的古建筑。

天热起来了，考察途中，林徽因在给家人的信中写道："每去一处都是汗流浃背的跋涉，走路工作的时候又总是早八至晚六最热的时间里，这三天可真真累得不亦乐乎。吃得也不好，天太热也吃不下……整天被跳蚤咬得慌，坐在三等火车上又不好意思伸手在身上各处乱抓，结果浑身是包！"

尽管如此，林徽因又和梁思成西出长安，到陕西耀县考察了药王庙。

他们原计划从耀县一路西行，走兰州去敦煌。但由于当局对延安的封锁，陕甘一带防备森严，必须持有军事部门签发的特许通行证才准允西行。林徽因、梁思成只得打消了计划。

梁思成对敦煌有一种近乎朝圣的情怀。他说："什么时候能去敦煌，哪怕一步一叩首也心甘情愿。"可是他想不到，这个心愿竟成了终生未了的遗憾，他和林徽因此生再也没有了去敦煌的机会。

从 1933 年到 1936 年，林徽因一次次地跟随梁思成到外地考察，吃尽了苦头，忍受了她生平所不曾体会过的肮脏与落后，认真、虔诚地梳理了中国建筑发展的脉络，坚定地朝着自己留学时立下的志向迈进，从不曾怠惰，也不曾退却。

2. 文字生香

1933年8月，沈从文开始担任《大公报·文艺副刊》的主编，他邀请林徽因、朱自清、郑振铎商量开办“副刊”的事宜，林徽因在“副刊”中发表文章《惟其是脆嫩》，呼吁文艺界放下成见，走出圈子，联合起来，共同创造文学的繁荣。

她在《惟其是脆嫩》里写道：“有创作冲动的笔锋，努力于刊物的手臂，此刻何不联在一起，再来一次合作，逼着创造届又挺出一个新鲜的萌芽！管它将来能不能成田壤，成森林，成江山，一个萌芽是一个萌芽。

“脆嫩？惟其是脆嫩，我们大家才更要来爱护它……”

文学本是林徽因的副业，可她依然对文坛充满了热忱。她主动写稿，奔走呼号，一路支持着沈从文把《大公报·文艺副刊》办成打破派别偏见，包罗各种风格、各种思想的文学阵地。

1934年春，由叶公超等人发起，北平的新月旧友成立了文学社团“学文社”，林徽因虽然一直不认为自己是“新月派”，但也积极参与这次活动。1934年5月，《学文》月刊创刊，林徽因以汉碑图案为题材，设计了封面，线条简洁明朗、疏淡有致，整体看来清素淡雅。

另外，林徽因的《你是人间的四月天》就发表在《学文》的第一期上。

你是人间的四月天

——一句爱的赞颂

我说你是人间的四月天；
笑响点亮了四面风；轻灵
在春的光艳中交舞着变。
你是四月早天里的云烟，
黄昏吹着风的软，星子在
无意中闪，细雨点洒在花前。

那轻，那娉婷，你是，鲜妍
百花的冠冕你戴着，你是
天真，庄严，你是夜夜的月圆。

雪化后那片鹅黄，你像；新鲜
初放芽的绿，你是；柔嫩喜悦
水光浮动着你梦期待中白莲。

你是一树一树的花开，是燕
在梁间呢喃，——你是爱，是暖，
是希望，你是人间的四月天！

因为《学文》是新月派的人办的，很多人都误以为林徽因的这首诗是写给新月派的代表诗人徐志摩的，其实，这首诗是林徽因写给儿子梁从诫的。当时梁从诫还不到两岁，脸圆圆的，眼睛又黑又亮，说的童言童语经常让林徽因忍俊不禁。林徽因沉浸在幸福里，写出来的诗也如阳光般透亮。

她的小说《九十九度中》也在这一期发表。小说通篇在透露着“热闹”“奔波”：人热热闹闹地祝寿，热热闹闹地娶媳妇；相对应的，生活在社会底层的挑夫、洋车夫整日为生活奔波。在华氏九十九度高温的一天之中，有人醉生梦死，有人钻营取巧，有人装阔充能，有人无医可救。林徽因通过对各种人物的刻画展现了一个世态炎凉的社会。

她写挑夫：“三个人肩上各挑着黄色，有‘美丰楼’字号大圆篓的，用着六个满是泥泞凝结的布鞋，走完一条被太阳晒得滚烫的马路之后，转弯进了一个胡同里去。”

她写拜堂的阿淑：“‘新郎新妇——三鞠躬’——‘三鞠躬’。阿淑在迷惘里弯腰伸直，伸直弯腰。昨晚上她哭，她妈也哭，将一串经验上得来的教训，拿出来赠给她——什么对老人要忍耐点，对小的要和气，什么事都要让着点——好像生活就是靠容忍和让步支持着！”

她写阔太太：“刘太太打着油纸伞，端正地坐在洋车上，想金裁缝太不小心了，今天这件绸衫下摆仍然不合适，领也太小，紧得透不了气，想不到今天这样热，早知道还不如穿纱的去。裁缝赶做的活总要出点毛病。”

她写做寿的老太太：“这又是谁的声音？这样大！老太太睁

开打瞌睡的眼，看一个浓妆的妇人对她鞠躬问好。刘太太，——谁又是刘太太，真是的！今天客人太多了，好吃劲。老太太扶着赵妈站起来还礼。”

每一个人物，笔墨不多，却写得活灵活现。

这篇小说一发表立刻引起了较大的反响，就此成了林徽因的代表作。据说在发表之前，朱自清就抢走稿子先睹为快，季羡林形容这篇小说像“春天的落花”。李健吾先生同样给予该小说以很高的评价：

在我们过去短篇小说的制作中，尽有气质更伟大的，材料更事实的，然而却只有这样一篇，最富有现代性；惟其这里包含着一种独特的看法，把人生看作一根合抱不来的木料，《九十九度中》正是一个人生的横切面。在这样溽暑的一个北平，作者把一天的形形式式披露在我们眼前，没有组织，却有组织；没有条理，却有条理；没有故事，却有故事，而且那样多的故事；没有技巧，却处处透露匠心。……一个女性细密而蕴藉的情感，一切在这里轻轻地弹起共鸣，却又和粼粼水波一样轻轻地滑开。

这个时候，也是林徽因思想升华的时候。她在 1933 年和 1934 年两年随着梁思成出外考察，真正走出圈子见识到了中国农村的凋敝和农人的穷困。为此她还写了散文《窗子以外》。

田亩一片，年年收成也不坏。家家户户门口有特种围墙，像个小小堡垒——当时防匪用的。屋子里面有大漆衣柜衣箱，柜门上白铜擦得亮亮；炕上棉被红红绿绿也颇鲜艳。可是据说关帝庙里已有四年没有唱戏了，虽然戏台还高巍巍地对着正殿。村子这几年穷了，有一位王孙告诉你，唱戏太花钱，尤其是上边使钱。这里到底是隔个窗子，你不懂了，一样年年好收成，为什么这几年村子穷了，只模模糊糊听到什么军队驻了三年多等，更不懂是，村子向上一年辛苦后的娱乐，关帝庙里唱唱戏，得上面使钱？既然隔个窗子听不明白，你就通气点别尽管问了。

隔着一个窗子你还想明白多少事？

她“这个窗子以内的人”很多事不明白，但她总算是看到了、意识到了她的窗子以外有另一个更穷苦、更无奈的世界。

多少百里的平原土地，多少区域的起伏的山峦，昨天由窗子外映进你的眼帘，那是多少生命日夜在活动着的所在；每一根青的什么麦黍，都有人流过汗；每一粒黄的什么米粟，都有人吃去；其间还有的是周折，是热闹，是紧张！可是你则并不一定能看见，因为那所有的周折，热闹，紧张，全都在你窗子以外展演着。

1934 年 8 月，《学文》因面临资金和市场的困境，宣告停刊。其实，《学文》创刊本就先天不足，没有一分一毫的资金来源。不得已，所有成员凑钱来办刊。要知道，在 20 世纪 30 年代，市场上像《学文》这种纯粹的文学刊物实在是少数，办不下去也是理所当然。

这次办不下去，林徽因没有灰心。从 1937 年起，京派作家为了重振徐志摩逝世后的文学活动，由胡适和杨振声组织筹办了一个《文学杂志》，由朱光潜担任主编，林徽因又积极参与，成为编委会成员，亲自为《文学杂志》的创刊号设计了封面，后来俞平伯、朱自清、凌叔华等人也加入了编委会。

《文学杂志》主张文艺自由独立，提出“中国新文化要走的路宜宽阔些，丰富多彩些，不宜过早狭窄化到只准走一条路”。

在所有编委的努力下，《文学杂志》大获成功。“杂志一出世，就成为最畅销的文艺刊物之一。”全面抗战前出版的四期《文学杂志》，每期行销都在两万份以上。

《文学杂志》的第一卷一至三期连载了林徽因的四幕剧本《梅真同他们》，由于全面抗日战争爆发，刊物停办，剧本只载到第三幕。1947 年 6 月 1 日，《文学杂志》出版复刊号第二卷第一期，1948 年出版第三卷第六期后停刊，前后共出版 22 期。林徽因的许多诗歌作品，也发表在《文学杂志》上。

另外，1936 年 9 月，为了纪念《大公报 · 文艺副刊》创办 10 周年，萧乾回到北平，举办了全国性文艺作品征文。他请当时有名的作家担任评委，包括叶圣陶、巴金、朱自清、朱光潜、沈从文等，林徽因也在其中。1937 年 5 月，《大公报》公布获奖名单：曹禺（戏剧《日出》）、卢焚（小说《谷》）、何其芳（散文《画梦录》）。据卞之琳回忆说，正因为林徽因的力荐，何其芳的《画梦录》才得以获奖。

从 1931 年林徽因发表第一篇诗歌《谁爱这不息的变幻》到 1937 年全面抗日战争爆发，林徽因共发表新诗 44 首，散文、小说 6 篇，剧本 3 幕，涉及体裁众多，一时“文名”远播，林徽因被人称为“中国第一才女”。

汪曾祺认为，林徽因虽然是学建筑的，但文学鉴赏力很高，文学创作力也不容小觑，她写的诗和小说“风格清新，一时无二”；沈从文将她与孙大雨、陈梦家、卞之琳、戴望舒、臧克家、何其芳等人相提并论，称其为中国新诗“几个特有成就的作者”之一。

客观来说，以林徽因书香门第的出身、与学者文人圈的交往，其所写题材与内容必有偏狭之处。大部分时候，“她笔下的人物总不出社会上层的圈子”，很难贴近“窗子以外”的社会现实。就连林徽因的好友李健吾也认为她的“聪明和高傲隔绝了她和一般人的距离”。

可谁不受局限呢？与一般人没有距离，也不代表就没有局限。1933 年到 1936 年，是林徽因到民间四处寻找考察古建筑的时期，是她文学创作的旺盛期，同时也是中华民族危亡的时刻。有人认为这段日子总把艺术挂在嘴边不合时宜，可若是热爱艺术的人因时局的变化而绝口不提艺术，那就算是爱国吗？保存和发扬中国璀璨和伟大的艺术，不也是爱国吗？

3. “佛光”乍现

当年的日本建筑学界曾做出这样的断言：中国已不存在唐代的木结构建筑，要看这样的实物，只有到日本奈良去。经过几年的野外考察，梁思成、林徽因和营造学社的同人们有了很多关于中国古建筑的重要发现。可在这些成果中，建筑年代最早的木结构建筑仍是学社初期调查的蓟县独乐寺、应县木塔等宋辽时期的建筑。梁思成和林徽因太想找到一座唐代建筑了。

一天，梁思成细细地读着英国人伯希和的《敦煌石窟图录》，有两幅壁画吸引了他的注意。壁画中描绘了佛教圣地五台山的全景，每座寺庙都标注了名称。其中，地处五台山外围的大佛光寺标注说明建于唐代。他又特意到北京图书馆查阅了《清凉山志》中有关佛光寺的文字记载。

梁思成记下了这一切，决定带着营造学社的同人到五台山去碰碰运气。

1937 年 6 月，梁思成、林徽因和营造学社的莫宗江、纪玉堂一起，前往五台山寻找佛光寺。

林徽因对山西有特别的感情，她喜欢捕捉乡间朴拙的美和农人身上厚重的烟火气息。她沿途观察山村的各式人物，背着筐迎风走的老人，扎着小辫、衣服上绣着小红花的孩童，她还喜欢观察阳光留在建筑上的光和影……

但进山后，她很快就没有了这份闲情逸致。通往佛光寺的山路太难走了，崎岖不平的小路沿着陡峻的山崖迂回前伸，一边是绝壁，另一边是深崖，有时候，连毛驴都害怕得腿颤抖着不肯前行。梁思成和其他成员也绷紧了神经，不敢硬拽毛驴，只好走走停停，慢慢向前挪。

就这样走了两天，他们到了一个小山村——豆村。佛光寺矗立在豆村的一片高坡上，黄昏柔和的光影勾勒出了它苍劲的轮廓。梁思成、林徽因一行人兴奋得心怦怦直跳，上天保佑，他们这次或许真的走大运了！只看那巨大而简洁的斗拱和高挑的屋檐，就特别像唐朝那种雄浑、厚朴的风格！

佛光寺坐东朝西，南、北、东三面群峰环抱，西面地势开阔而豁朗，整座寺庙显得气势不凡。进得山门，前后有两个院落，两个院落都很宽阔，殿、堂、楼、阁、窑、房、厩、舍井然有序。佛教以东为上，后院的东大殿是正殿。

梁思成这样描述他所看到的景象："那高大的门登时就给我们打开了。里面宽有七跨，在昏暗中显得更加辉煌无比。在一个很大的平台上，有一尊菩萨的坐像，他的侍者们环他而立，有如一座仙林。在平台左端，坐着一个真人大小的着便装的女人，在仙人丛中显得非常渺小猥琐。和尚们告诉我们，她就是篡位的武后。"

第二天一大早，梁思成一行人立刻开始测绘。斗拱、梁架、藻井以及雕花的柱础都看过了，无论单个看还是总体看都显示出了晚唐建筑的特征。他们推测，殿堂的墙上过去一定有很多壁画，可由于年代久远，全都剥落了。

木构建筑最重要的部分是房屋的顶部结构，梁思成和助手们爬上了屋顶。他们看到了过去只在唐代绘画中见过的双主椽结构，看到了古老的人字形"叉手"承脊栋——这种结构过去只从《营造法式》上读到过，如今在这里见到了真迹，这可能是国内仅存的孤例！

他们惊喜万分。

这个“阁楼”里住着好几千只蝙蝠，它们聚集在脊檩上边，就像厚厚的一层鱼子酱一样，这就使我无法找到在上面可能写着的日期。除此之外，木材中又有千千万万吃蝙蝠血的臭虫。我们站着的顶棚上部覆盖着厚厚的一层尘土，可能是几百年来积存的，不时还有蝙蝠的小尸体横陈其间。我们戴着厚厚的口罩掩盖口鼻，在完全的黑暗和难耐的秽气中好几个小时地测量、画图和用闪光灯照相。当我们终于从屋檐下钻出来呼吸新鲜空气的时候，发现在背包里爬满了千百只臭虫。我们自己也被咬得很厉害。可是我们的发现的重要性和意外收获，使得这些日子成为我多年来寻找古建筑中最快乐的时光。

除了建筑学界的人，大概很少有人能体会到他们那种从内心溢出的快乐。

在大殿的顶上工作了三天，他们的眼睛已适应了屋内昏暗的光线。林徽因发现大殿的一根主梁上有淡淡的字迹。

这个发现太重要了！尽管梁思成可以肯定，这是一座唐代的建筑，可还是缺少一个确切的佐证，没有比写在建筑物的主梁上或刻在石碑石础上的日期更确凿的证据了。而且，建筑物上的日期能确定具体到唐代哪一年。

大家兴奋地忙碌着，决定在佛像的间隙中搭起脚手架，清除梁上的灰尘以看清题字。

林徽因则挪来挪去，从各个角度尽力地辨识着主梁上的字迹。她看出，那些隐隐约约的字迹中有人名，有长长的官职称谓。她断断续续地读出了这样几个字：“佛殿主……女弟子……

宁公遇”。突然，林徽因想起，在大殿外的经幢石柱上好像看到过类似的名字。她急忙跑出去核实，果然，石柱上刻着“佛殿主女弟子宁公遇”。石柱上刻的年代是‘唐大中十一年’，即公元857年。

林徽因喜悦地向大家报告这一发现，并且弄清楚了，大殿中那尊身着便装、面目谦恭的女人坐像，并不是寺僧们所说的“武后”塑像，而是这座寺庙的女施主宁公遇夫人。

梁思成请寺僧到村子里雇人搭脚手架。林徽因撕开床单，将床单浸了水传递到梁上去，擦掉了灰尘，墨迹显示了出来；他们读完并记录下来那四根主梁上的全部题字，再次确定，大殿建于唐宣宗大中十一年，即公元857年。

这座建筑已有千年的历史，是梁思成他们历年搜寻考察中所找到的唯一一座唐代木结构建筑，这是他们的巅峰时刻，也是他们面对日本建筑学界扬眉吐气的时刻。他们终于可以挺直胸膛告诉全世界，在中国的国土上，有唐代建筑！但他们没想到，他们在建筑学上找回的民族自尊会被日本的飞机大炮炸得粉碎！

梁思成、林徽因一行在佛光寺整整工作了一个星期，对整座寺院做了详细的考察记录。离去之前，梁思成还给山西省政府写了报告，请求他们保护好这一处珍贵的建筑遗存。

林徽因恋恋不舍地向这座对她和梁思成乃至整个中国建筑学界都意义重大的古建筑告别。她站在“女弟子宁公遇”的塑像前让梁思成为她照了张相。

离开这里时，梁思成答应寺庙的住持，他们将争取带着政府的资助再来这里，重新修缮佛光寺。

下了五台山，他们在附近做了一下调查，发现没有值得进一步考察的古建筑，于是他们离开五台山到了代县。困乏至极的他们需要稍事休整，从佛光寺带出的一大堆考察资料也需要整理。

7 月 15 日傍晚，梁思成找到了一卷报纸。报纸是太原的客商一星期前带过来的，尽管已是旧闻，总算聊胜于无。

当他翻阅这些旧报纸时，赫然一行大标题把他惊得从床上蹦下地来："日军猛烈进攻我平郊据点！"

外面已经是硝烟遍地了，钻进五台山中的他们却浑然不觉。

他们当即决定，在最短的时间内返回北平。平汉、津浦两条铁路已不通车，他们徒步到阳明堡，然后出雁门关，过大同，走张家口，日夜兼程，赶回了北平。

林徽因在去五台山之前，把一双儿女交给梁思成的姐姐梁思顺照管，梁思顺带他们到北戴河度暑假，林徽因回到北平后，给女儿写信，信中讲述了自己和梁思成的情况，也讲述了时局，她在信中说道：

现在我要告诉你这一次日本人同我们闹什么。你知道他们老要我们的"华北"地方，这一次又是为了点小事就大出兵来打我们！现在两边兵都停住，一边在开会商量"和平解决"，以后还打不打谁也不知道呢。……我们希望不打仗事情就可以完；但是如果日本人要来北平，我们都愿意打仗，那时候你就跟着大姑姑这边，我们就守在北平，等到打胜了仗再说。我觉得现在我们做中国人应该要顶勇敢，什么都不怕，什么都顶有决心才好。

林徽因和梁思成面对日本的侵略拿出了勇气和决心，但单纯的他们不会想到蒋介石和当时卫戍北平的宋哲元在国家危亡面前还在进行权力的博弈，各怀鬼胎。

北平保不住了。

第七章　流亡生涯

我们还许要吃苦，可是我们不能不争到一种翻身的地步。我们这种人太无用了，也许会死，会消失，可是总有别的法子。我们中国国家进步了，弄得好一点，争出一种新的局面，不再是低着头的被压迫着，我们根据事实时有时很难乐观，但是往大处看，抓紧信心，我相信我们大家根本还是乐观的，你说对不对？

——林徽因于1937年写给沈从文的信

1. 万里关山

1937 年 7 月 29 日，北平沦陷，日军分三路入城。全城戒严四小时。梁思成和林徽因原本打算坚持不离开，要与北平共存亡，希望我国军队能与日军打一场硬仗，但原本还在北总布胡同附近挖壕沟的国军一夜之间消失了。

此时北平的政府部门已经开始了撤离、疏散。营造学社虽不是政府部门，但在这样的形势下，显然已无法继续工作，于是学社决定暂时解散。社长朱启钤老先生不愿意离开北平，他把学社的遗留工作、学社的未来都托付给了梁思成。

梁思成和林徽因为防不测，连日忙着清点和整理学社的研究资料。这些资料包括历年来古建筑考察的测绘图稿、图版、照片、底片、建筑模型等等。因为怕这些资料落入日本人手中，他们决定将其中不便携带的资料存入天津租界英国银行的保险库。

一天，梁思成忽然收到一封署名“东亚共荣协会”的请柬，邀请他参加日本人召集的一个会议。这封请柬表明日本人开始打梁思成的主意了，他们已不能不走。他们打算取道天津向南方迁移。

当时林徽因咳嗽得厉害，梁思成也背痛不止，临离开北平前，他们一同去协和医院做了检查。医生警告说：林徽因的肺部有空洞，任何一次感冒或别的什么不慎，都将导致严重的后果，而梁思成则被诊断为脊椎软组织硬化症，医生为他设计了一副铁架子“穿”在衬衣里面以支撑脊椎。

“穿”上铁架子，身上陡然增加了负重，梁思成对林徽因笑着说：“刚开始抗战，就穿上防弹背心了。”他很为徽因的身体担心，提醒她不要忘了医生的警告。林徽因却说：“警告也是白警告，生死由命吧！”

林徽因、梁思成一家人从北平乘火车到天津，梁从诫曾回忆当年在火车上的场景：“……在去天津的火车上，坐满了全副武装的日本兵，我们竟然和他们挤在一节车厢里。爹爹闭着眼在那里假寐，我却极有兴趣地在那里观察日本兵手里的‘真枪’，一个日本兵冲我笑笑，还招招手。我就挨了过去。他让我摸摸他的枪，正在我十分兴奋的当儿，只听见背后一声怒吼：‘小弟，回来!!’一回头，爹爹正怒不可遏地瞪着我。我不知道自己做错了什么，吓得半死，不敢再看那个日本兵，赶紧挤回妈妈身边。就这样，我告别了北总布胡同3号。”

他们一家人到了天津之后，稍事休整，从天津新港起航往烟台，然后转车到潍坊、青岛，再乘火车前往济南、郑州，最后到了当时的“后方”——长沙。

在天津上船前，梁思成无法预料自己和家人的前途命运，遂把他此前用英文写就的几篇关于古建筑的学术论文与林徽因写的信一同寄给美国的朋友费慰梅，请她设法把自己的心血之作在国外发表，并附上一张纸条，说："发生了这么多事，我们都不知道从何说起。总之我们都平安，一个星期前我们抵达天津，打算坐船到青岛，从那里途经济南，去到换车船不超过五次的任何地方——最好是长沙，而这期间尽可能不要遇上空袭。等到战争打赢了，我们就可以结束逃难生涯。"

林徽因、梁思成来到了长沙，他们的老朋友金岳霖、张奚若、陈岱孙等许多人也先后到了这里。1937 年 10 月，教育部将清华、北大逃亡出来的师生在长沙组成了临时大学，教授们草草在这里安下了家。虽然生活很不容易，但大家都在忍耐，设想着几个月后能重返家园。他们虽对这场战争有一定的心理准备，但沦落到如今四处流亡的境地，却也有些猝不及防。

林徽因、梁思成到长沙时，城里已找不到像样的房子。在朋友的帮助下，他们租到了一户人家楼上的三间屋子。梁再冰回忆说："没有厨师了，妈妈必须自己做饭、洗衣、打扫、照顾孩子……对于不习惯、也不熟悉家务劳动的妈妈来说，这当然是苦事，但使我感到意外的是，当时妈妈对此毫无怨言，不仅没有愁眉苦脸，对这种新的、比较艰苦的生活倒还很欢迎。她和爹爹立即开始学习干家务，并且颇以此为乐事和趣事，这一点给我留下的印象非常之深。"

在长沙，他们依然像在北平一样，经常聚会。晚上，一帮老朋友总是在梁家会合。他们把地图摊开在桌子上，几个人凑在地图前指指点点，分析着近来的战报。他们为津浦线的战局担忧，为华北乃至全国的形势着急。

林徽因给沈从文写信："我们对于战时的国家仅是不可救药的累赘而已。同时我们又似乎感到我们可用的力量废放在这里，是因为各方面缺乏更好的组织来尽量采用……我们该怎样活着才有法子安顿这一副还未死透的良心。"

她的话说出了这一群知识分子的心声。这群人都想为抗战贡献自己的力量，然而在当时的情况下，他们能做的又很有限。朋友们在梁家发着牢骚，他们批评教育部组织不力，让许多人困在这里进退不得，什么也不能做。这种报国之志无处安放，痛苦无处发泄的境遇，让这些知识分子的情绪波动极大，时而慷慨激昂，时而低落不语。

每当大家情绪低落的时候，梁思成就会领着大家唱起歌来。他指挥着这个小小的歌咏队，一如当年他指挥清华学堂学生军乐团一样认真。他们从"起来，不愿做奴隶的人们"唱起，一直唱到"向前走，别退后，生死已到最后关头"。梁思成永远是那个最乐观的人，他对国家的自信，是出于对中华文化的自信，甚至是出于对身为中国人的自信。这群大学教授也一样，他们在歌唱中宣泄愤怒与无奈，也在歌唱中积蓄勇气。

然而，我们的国家比这群知识分子想象得还要衰弱。淞沪会战、太原保卫战、南京保卫战，国军节节败退。长沙很快遭到了轰炸。

1937 年 11 月 24 日下午，大批日军军机突袭长沙。这是长沙首次被炸，弹着点就在梁思成家附近。由于事先没有警报，梁思成误以为是苏联援助中国的飞机到了，还到阳台上抬头去看，只见飞机肚子里吐出了几个“大家伙”……

天哪！是日机的轰炸！梁思成反应过来，炸弹也轰然落在了身边，他什么都来不及想，完全是出于本能，就和林徽因一人抱起一个孩子，拉着外婆往楼下跑。

还没跑出院子，离他们很近的一颗炸弹就爆炸了。房子顿时四分五裂，林徽因被气浪抛了起来，怀里抱着梁从诫。她睁开了眼睛，却发现自己和孩子居然还好好的。房屋开始轧轧乱响，门窗玻璃、隔扇、屋顶、天花板，全都坍塌下来。两人没有片刻迟疑，带着孩子飞快地冲出院子，到了黑烟滚滚的街头。

他们向临时大学跑去。敌机开始了新一轮俯冲，林徽因、梁思成只得绝望地停下了脚步，一家人紧紧地偎在一起。此时，爆炸声又起，弹着点正是他们刚才准备跑过去的临时大学校园，抬头望过去，那里已成了一堆废墟。生与死之间，只有一线的距离。

林徽因曾这样写道：“信仰坐在我们中间多少时候了，你我可曾觉察到？信仰所给予我们的力量不也正是那坚忍韧性的倔强？我们都相信，我们只要都为它忠贞地活着或死去，我们的大国家自会永远地向前迈进，由一个时代到又一个时代。我们在这生是如此艰难，死是这样容易的时候，彼此仍会微笑点头的缘故也就在这里吧？……”

12 月初，梁思成、林徽因带着一家人离开长沙，前往昆明。当时金岳霖在离长沙一百多里的长沙临时大学南岳分校教学，未能同行。他们一家人乘坐的是一辆破旧的长途汽车。到了晚上，汽车在一个从未听说过的山区小城停了下来，两人安排两个孩子照看着晕车的外婆，然后四处去寻找可以住宿的小客店。

夜风很冷，一阵寒意从林徽因的脊背上爬过，她禁不住地打着寒战。小城的街道狭窄而凹凸不平，林徽因跟着梁思成高一脚低一脚地走，终于看到了小客店门前纸灯笼散发出的昏黄光晕，她凄惶的心才仿佛有了着落。

清晨，天还没亮，两人就又要叫醒孩子，把铺盖行李重新捆扎起来，再摸着黑到汽车站找一辆南行的长途客车。把一家五口和行李都在车上安顿好后，再等着这辆车到上午十点以后出发。如果不在清早抢先上车，他们就没有可能离开这个地方。尽管这只是一辆没有窗子、没有点火器，看上去早就该报废的车。

一家人走到晃县时，林徽因病倒了。这是湘黔交界的一个小县城。林徽因感冒多日，得不到及时的治疗和休息并引发了肺炎，高烧至四十度。可是，整个晃县却没有一家医院，到处都买不到抗生素药品，甚至找不到可以住宿的地方。

梁思成搀着烧得发烫的林徽因，领着一双年幼的儿女和小脚的外婆，挨家问询着住处。所有能住人的地方都是同样的拥挤，阴暗简陋的旅舍里没有一个空余的床位。

在他几至绝望的时候，一间屋子里传出了小提琴的演奏声。梁思成想，这演奏者一定有通融的余地。他敲开了房门，房间里住的是八位空军学院的年轻学员，他们在这家小客店已经住了几天了，正在等车接他们到昆明去。那位拉小提琴的学员还是梁思成的广东老乡。

年轻人立刻理解了这位先生一家的困境，他们腾出了自己的房间，去和别的同学挤做一处。

林徽因烧得脸颊通红，手脚冰凉。梁思成想起了同乘一辆车来晃县的一位女医生。听她聊起，她曾留学日本，懂得一点中医。梁思成找到了她，按她为林徽因开的处方抓药，一刻不停地煎好，喂林徽因喝了下去。

每当处在这种绝望的时刻，梁思成总能镇定地乐观地找到解决问题的方法，他习惯了在困境中找方法，能以最强的意志、最大的耐心去“熬”过最艰难的日子。

林徽因逐渐退了烧。晚上，守着一盏油灯，梁思成打开随身携带的地图，和林徽因轻声商量着以后的行程。林徽因把两个孩子叫过来，教他们辨识走过的路线，在地图上一个个找到这些地方的名称。

那八个年轻的飞行学员常来看望林徽因。精神好的时候林徽因爱和他们聊天。林徽因告诉他们，自己的弟弟和他们差不多年纪，也是航空学院的学生。这些年轻人话语不多，善良而腼腆，他们的家大都在沦陷区，音信断绝，遇到梁、林二人总有种遇到亲人般的亲切感。

经过这场大病，林徽因衰弱得厉害，但她执意坚持早日离开这个地方。就这样全家人又上了路。

等车，挤车，日复一日在山路上行进。走过了湖南，走过了贵州，终于，离云南一天天近了。林徽因觉得自己很像行驶在山路上的这辆破车，尽管各部分的零件都已受损，但仍不停地喘息着翻山越岭。

“后来又有一个故事接着一个故事……关于坏了的汽车、意外的停留、投宿丑陋肮脏的小旅馆，……不时还有一些好风景，使人看到它们更觉心疼不已。那玉带似的山涧、秋天的红叶、白色的芦苇、天上飘过的白云、老式的铁索桥、渡船和纯粹的中国古老城市，这些都是我在时间允许的时候想详详细细地告诉你的，还要夹杂我自己的情感反应作为注脚。”林徽因写信给费慰梅，倾诉着这一路上的见闻、感受，病痛中的林徽因在颠沛流离中顾不上心疼自己，而心疼饱受战乱的祖国。

1938 年 1 月，经过 39 天的跋涉，受尽磨难的林徽因一家到达了昆明。

2. 昆明聚首

林徽因、梁思成到昆明后，租了一户黄姓人家的房子住下来。还没等一切安置好，梁思成就病倒了。长途跋涉的辛劳使他的脊椎病发作。背部肌肉痉挛，痛得他彻夜难眠。医生诊断说是因为扁桃体的脓毒所引发，决定切除扁桃体。可是切除了扁桃体后，又引发了牙周炎，满口牙齿疼得吃不下任何东西，甚至连水都不能喝。医生又拔掉了他满口的牙齿。半年多时间里，疼痛使他不能在床上平卧，日夜半躺半坐在一张帆布椅上。这一年，梁思成才 37 岁。

林徽因承担起了全部家务，买菜、做饭，洗洗刷刷。她变着法子做可口的饭菜，只想让梁思成多吃一口。林徽因一直讨厌做家务，如今却不得不陷在家务琐事中，脱身不得。两人当初决定来昆明，是想能早日安定下来，重新开始营造学社的工作。可来到昆明后，许多问题依然无法解决，没有经费，没有图书资料和起码的设备，没有从事研究的任何条件。同时，生计问题也很严峻。

为了赚钱，林徽因接受了去云南大学为学生补习英语的工作，每星期六节课。课虽说不多，但云南大学离他们的住所很远，每次去上课来回要翻四个山坡，路上要用很多时间。昆明海拔高，爬坡上山走得快了，林徽因感到胸闷气短，特别是下课回家，更觉得累乏。

一个月下来，林徽因得了 40 元钱的课时费。领到薪水，林徽因在回家的路上走进了卖日用杂货的商店，她惦念着要给母亲买顶帽子，给儿子买双鞋，还要给家里买点肉，可算算钱，最后，却只给梁思成买了皮尺，那是外出考察古建筑必不可少的工具。皮尺要 23 元钱，是她这个月收入的一半多。

梁思成和林徽因跟迁移到昆明的一些机构联系过，表示他们愿意为抗战服务——无论做什么工作。可是他们的要求没有得到任何回应，倒有一些个人找到了他们，请他们帮忙设计住宅，设计庭院。

梁思成的身体慢慢好转，他开始了重建营造学社的努力。他总结了学社的工作，制定新的工作计划，然后致函中华教育文化基金会，问询如果他在昆明恢复学社的工作，能否得到基金会的补助和支持。不久，基金会的董事周诒春回信说，仅梁思成一个人还不能组成一个机构，如果学社的另一位骨干成员刘敦桢和梁思成在一起，就承认营造学社的存在，也就可以考虑继续给予补助和支持。梁思成立即给刘敦桢写信，请他来昆明共振营造学社。很快，刘敦桢从湖南老家回了信，同意携家来昆明。之后，梁思成的学生莫宗江、陈明达、刘致平也先后来到了昆明。就这样，险些夭折的营造学社又重新竖起了旗帜。

1938 年 2 月，国立长沙临时大学的教师和学生陆陆续续从各地来到昆明。他们有坐汽车的，有徒步行走的，还有从越南绕行的。张奚若一家来了，赵元任一家来了，陈寅恪也来了。金岳霖没有家累，他绕道香港、海防，从河内乘窄轨火车到了昆明。闻一多身穿长袍，挽着裤脚，长髯飘飘，和学生一起从湖南经贵州徒步到了昆明。4 月，教育部改长沙临时大学为西南联合大学，5 月，西南联大在昆明正式复课。

同年，中央研究院的一些研究所也迁移到了这里，尤其是史语所（历史语言研究所的简称）的到来，大大振奋了在昆明的教授们。

傅斯年主持的史语所，文献资料装了 600 个大箱子，21 万册藏书，连古人类的头盖骨都带着。史语所来到昆明，昆明就相当于有了最大规模的图书馆。史语所的到来，让苦无典籍所依的梁思成看到了希望。梁思成与傅斯年商量，借用史语所的图书资料开展营造学社的研究工作。傅斯年欣然答应。新组建的营造学社从此和史语所共进退，这也是梁思成和林徽因后来不得不搬迁到四川李庄的理由。

梁思成的弟弟梁思永在史语所工作，他们一家人也来到昆明。

亲人、友人们又见面了。国难当头，兵荒马乱，大家重新聚首，感觉格外温暖。林徽因在给友人的信中写道：“我喜欢听老金和奚若笑，这在某种程度上帮助了我忍受这场战争。这说明我们毕竟还是一类人。”

金岳霖在给费正清的信中谈到林徽因：“……仍然是那么迷人、活泼、富于表情和光彩照人——我简直想不出更多的话来形容她。唯一的区别是她不再很有机会滔滔不绝地讲话和笑，因为在国家目前的情况下实在没有多少可以讲述和欢笑的。”

有了朋友，有了熟悉的人际环境，过去的时光仿佛又回来了，昆明的生活就有了几分美好。大家聚在一起时，林徽因以她一贯的热情和谈锋和大家聊天，还赞颂昆明的阳光有些地方很像意大利。

当然，他们再也无法轻松地笑了，国家正在遭受苦难，而这苦难比他们最初想象得要深重得多。

金岳霖说：“实际上我们的思想状况多少有点严肃，在我们心中藏着一些不表现出来的思念、希望和焦虑，这些东西用不着表现出来，因为人人都知道它的存在，它形成了一股感情的暗流，而表面上我们只是关心像房子、食物一类许许多多我们叫做日常生活的琐事。对于那些联大圈子的人来说，问题是大学的校址直到现在还定不下来。有许许多多的人为的障碍和物质的困难。想要保持中国的大学高等教育并非易事，不过我想我们总会做成功的。”

让梁思成、林徽因高兴的是，世界建筑学权威期刊《笔尖》发表了梁思成关于赵州石桥的研究论文。这篇论文是梁思成 1933 年外出考察研究的结果，论文让西方了解到中国的拱桥建筑比欧洲要早十个世纪。离开北京时，梁思成把论文的英文手稿寄给了费慰梅。费慰梅辗转帮他发表了。

1939 年，为躲避敌机轰炸，迁到昆明的文教机关纷纷疏散到郊野山村。史语所搬到了龙泉镇的龙头村，龙泉镇龙头村位于昆明东北二十里处，村旁有一条长堤，堤上长着高大笔直的桉树，风景如画。营造学社也搬到了旁边的麦地村。他们暂且在一个尼姑庵的空房里工作。

西南联大的许多教授纷纷来到这里择址盖房，一来为了躲避频繁的空袭，二来为了解决住房问题。李济、钱端升、冯友兰、陈梦家等都先后盖起了自己的房子。

1939 年夏，航空学院那八名空军学员毕业了，自在晃县相遇，这八名学员来到昆明后也一直和梁、林二人保持联系，经常去看望他们。如今大学毕业，便邀请梁思成、林徽因作为特邀家长出席他们的毕业典礼。这些年轻人因为无法与沦陷区的父母取得联系，梁思成和林徽因就担任了他们的名誉家长。在典礼那天，这些年轻的热血男儿开着飞机做投弹表演，台下的观众一片欢腾，梁思成和林徽因心里却不是滋味。

他们知道，这些年轻学员驾驶的都是老式驱逐机，一旦到了空中，危险性极大。林徽因想到自己的三弟林恒，中央航校第 10 期学员，将随学校迁徙到昆明，会在 1940 年毕业。他们年轻人固然因为即将参加战斗、杀敌报国而激动不已，可林徽因一想到这些这么年轻美好的生命有可能逝去，就揪心不已。

她在给费慰梅的信中说：“（他们）很多人去了前线，有的则在昆明保卫着我们的生命。有一位我告诉过你的，小提琴拉得很好，人特别可爱，最近决定要结婚了。不要问我如果他结婚了又出了事，他的女朋友会怎样。我们就是无法回答这类问题。”

信中提到的这位拉小提琴拉得特别好的飞行员，也就是那位梁思成的小老乡，叫黄栋权，在1940年9月死于重庆的上空。那时，日本当时最先进的战斗机——零式驱逐机第一次在战场亮相，而驾驶着老古董飞机的黄栋权毫无悬念地被击中。

等到1941年，日本偷袭珍珠港，美国参战以后，1942年才开始向中国提供新型的驱逐机，中国空军的劣势才有所转变。然而这时候，林徽因和梁思成认识的那八名飞行员已经牺牲了七名，只剩下一个伤员林耀。

林徽因和梁思成作为名誉家长，一次次接收这些飞行员的遗物，一次次地经受这种哀恸。战争吞噬人的生命到何种地步，他们以前还只是有一个模糊的概念，现在他们一次比一次清楚。

3. 苦中作乐

生活就绪之后，梁思成就开始准备外出考察的事情。前些年，他们的考察局限于华北一带，如今有了考察西南建筑的机会，他们当然不会放过。

1939年秋，梁思成与刘敦桢、莫宗江、陈明达一行离开昆明，沿着岷江、嘉陵江和川陕公路，跑了大半个四川。

这一次梁思成外出达半年之久，林徽因和母亲带着孩子支撑着艰难的日子。随着外来人口的大量涌入以及战事的逐步加剧，昆明的物价不停地上涨。孩子们正是长身体的时候，林徽因许多精力要用于一日三餐。为了让孩子们吃饱饭，她天天要想法到处去买那些买得起、买得到的东西，然后是收拾和洗刷。当她浑身酸疼地上床睡觉时，已经是精疲力竭了。让她感到力竭的不仅是体力的劳作，还有这种毫无乐趣可言的生活。可现实就是这样无奈，梁思成不在，她就必须事无巨细地打理家里的一切。

金岳霖给费正清的信中谈到林徽因说：“她仍旧很忙，只是在这种闹哄哄的日子里更忙了。实际上她真是没有什么时间可以浪费，以致她有浪费掉她的生命的危险。”

李健吾曾经写道：“我最初听到他们的信息，是有人看见林徽因在昆明的街头提了瓶子打油买醋。她是林长民的女公子，梁启超的儿媳。其后，美国聘请他们夫妇去讲学，他们拒绝了，理由是应当留在祖国吃苦。他们享受惯了荣华富贵，如今真就那样勇敢，接受上天派给祖国的这份苦难的命运?”

1940 年初，外出考察的梁思成总算回来了。营造学社这次为期半年对川康地区的野外考察，遍访了四川境内近 40 个县的古建筑。老朋友们聚到了梁家，听梁思成讲考察中的种种事情。

梁思成说，四川的文化遗存丰富多彩，就他们所考察的大量汉阙、崖墓和摩崖石刻看来，可谓全国之冠。四川的汉阙，占全国汉阙总数的四分之三；崖墓的数量也很可观，岷江、嘉陵江两岸几乎随处可见；摩崖石刻更是几乎每一个县都有。其中，他们的考察重点是汉阙。

汉阙是汉代建于宫殿、祠庙、陵墓门侧的一种建筑。日后，当他在设计构想人民英雄纪念碑时，汉阙的造型也为他提供了思路。不过这是后话了。

这次他们考察的地带多是山区，沿途郁郁葱葱的山林，风景很美，只是交通太不方便。往来主要靠马队和双人抬的滑竿，偶尔走上公路，能拦截到一辆军用卡车就是难得的幸运。

穿行在西南丛林中，特别容易感染疟疾，他们无论走到哪里都背着蚊帐，带着奎宁和指南针。乡下的跳蚤更是多得惊人，他们每到一地，总是先弄一盆水，脱掉鞋袜站在水盆里抖动衣裤，不一会儿水上就浮着一层跳蚤。令他们烦恼的还有蚂蟥，每天无论把袖口裤腿扎得多紧，都免不了被蚂蟥叮咬。考察队成员每人都是体无完肤。

说完了考察，梁思成说起了四川的民风民俗："四川号称'天府之国'，老百姓却十分贫困。在那里，吸毒的现象很普遍。内地往往是有钱人抽大烟，而西南的吸毒者却大多是贫苦百姓。大片大片的土地种植着罂粟，骨瘦如柴的脚夫们白天到处揽活，晚上就把血汗钱买毒品。他们在街头巷尾找个角落一躺，蒙上毡斗篷就吸了起来，好像当地政府也没有人管这些事情。"

说到这里，大家陷入了长久的沉默。这群大学教授纵然忧国忧民，一腔热血，可能做的又有多少呢？眼下的局势，他们连自保都难。林徽因看气氛沉重下来，连忙转话题说："思成这次不止考察古建筑，还顺便采了采风呢。"梁思成连忙笑着说："四川抬滑竿的脚夫们，人人几乎都是出口成章，听得多了，就想着把它们记下来。比如两个人抬滑竿，走后面的人看不见路，全靠与走在前面的人对话来默契配合。要是路上有一堆牛粪或马粪，走在前面的人就会说：'天上鸢子飞。'后面的人立刻就会接道：‘地上牛粪堆。’于是就小心地避开了牛粪。山区的道路多是用石板铺成，年头久了石板有些活动，一不小心就会踩翻，轻则溅一身烂泥，重则失足摔跤。这时前面的人就会高唱：‘活摇活。’后面的人应声答道：‘踩中莫踩角。’稳稳地，这个地方就过去了。”

梁思成说：“别看脚夫们生活贫苦，却也不乏幽默，他们不会放过眼前任何寻开心的机会。要是路上看见一个姑娘，他们就会开各种玩笑。这个姑娘若有点麻子，前面的脚夫就说：‘那边有枝花。’后面的立刻接上：‘有点麻子才把家。’要是碰上个厉害姑娘，马上就会回嘴说：‘就是你的妈。’”

大家“哄”地笑了起来。

梁思成回来了，他们也要为安家好好打算打算了。梁思成决定也像西南联大的教授一样，把家安在龙头村。1940 年春，林徽因和梁思成在龙头村盖了一所三居室加一间厨房的住宅。因为物价不断上涨，盖这所房子花了比预算多出三倍的钱，除了用尽本来就不多的积蓄外，林徽因的母亲还当掉了首饰。到最后阶段，每一块木板、每一根钉子都让他们费尽周折。梁思成亲自做木工和泥水匠，林徽因和孩子运料、打下手，为的是能省一点儿工钱。即便这样，他们也欠了债，后来靠费正清和费慰梅寄来的 100 美元才还清了债款。

这是两位建筑师一生中为自己设计建造的唯一一所房子。土坯的墙壁用石灰粉刷得洁白，轻质的木结构梁架上覆盖着青灰色的瓦，房间高大通风，房后是一个院子，林徽因和孩子们都很喜欢这房子，金岳霖也很喜欢。他在梁家住宅的旁边加盖了一间

“耳房”，他们开心地自嘲道：北总布胡同集团又集合齐了。

金岳霖住在龙头村梁家的“耳房”里，在备课和写作之余，喜欢和梁家的两个孩子在一起，教他们说英语，和他们一块玩儿。梁再冰和梁从诫尤其喜欢老金喂养的一只云南大斗鸡。这只鸡个头很大，差不多和饭桌一样高，它常常伸着脖子到饭桌上和老金一起吃饭。

金岳霖身材高大，因为他的眼睛有毛病，畏光，所以常年戴着帽子，进屋也不摘下。他的帽子前檐压得很低，走起路来深一脚浅一脚的。梁再冰和梁从诫只要听到深一脚浅一脚的脚步声，就会欢叫着迎出去。

沈从文在西南联大教写作课和中国小说史，到了星期天他会跑很远的路来梁家坐坐。

听沈从文谈天最有意思。他最爱谈的是他走过的地方，那些奇异的风光和各种有趣的人。

他谈云南的白云、云南的蓝天，他谈家乡的风俗节日，他还谈金岳霖。有一次，他的写作课请金岳霖去和学生开讲座，题目是“小说与哲学”。不料金岳霖讲了半天，结论却是：小说与哲学没有关系。有学生问：那么《红楼梦》呢？金岳霖答道：“《红楼梦》里的哲学不是哲学。”金岳霖所讲授的西方逻辑学课程，被许多学生视为畏途。课下，学生陈蕴珍，即巴金夫人萧珊，问他：“金先生，你为什么要搞逻辑？”金岳霖回答：“我觉得它好玩。”金岳霖上课爱提问，可他叫不出学生的名字，有时他会宣布：“今天，穿红毛衣的女同学回答问题。”那时，联大的女学生都喜欢在阴丹士林蓝旗袍外面套一件红毛衣，听他这么一说，所有穿红毛衣的女学生就都很紧张，也很兴奋。沈从文讲这些时，笑眯眯地，像在聊家常，可每次林徽因和所有在座的人都听得乐不可支。

那段时间，因为有朋友在，尽管敌机不断来轰炸，尽管生活拮据，林徽因的心情还算是比较轻松的。

林徽因给费慰梅写信说："这时候的天气已转凉爽，在越来越强的秋天泛光照射下，风景真是美极了。空气中到处散发着香气，而野花使人回想起千千万万种久已忘怀了的美妙感觉。随便一个早上或下午，太阳都会从一个奇怪的角度悄然射入人们在一个混乱和灾难的世界中仍然具有的受了创伤的对平静和美的意识。"

林徽因在片刻的平静和美中挤出了对这世界片刻的乐观。可事实比她想象中的更残酷。搬进龙头村的新房没多长时间，西南联大的教授们又听说联大和所有在昆明的研究机构都要迁往四川，有人说教育部已经做了决定，搬迁只是迟早的事情。

这消息让林徽因心乱如麻。房子刚盖好，全家刚安顿下来，可接着又要搬到不知什么地方去。还有那让人沮丧的战事，好像这场战争还要无休无止地打下去。尽管为了对付艰难的生活，林徽因表现出了足够的坚强，可这种无法把握的混乱和无序状态却不能不让她感到自己的渺小和脆弱。

1940 年下半年后，日军切断了滇越铁路，对昆明的轰炸也越来越猛烈。

1940 年 8 月，迁移的事终于有了结果。西南联大仍留在昆明，营造学社随着中央研究院、史语所搬迁到四川省南溪县李庄镇。从那里到重庆要走三天水路，是名副其实的穷乡僻壤。

梁思成写道："这次迁移使我们非常沮丧。它意味着我们将要和我们已经有了十年以上交情的一群朋友分离。我们将要去到一个除了中央研究院的研究所以外远离任何其他机关、远离任何'大城市'的一个全然陌生的地方。大学将留在昆明，老金、端升、奚若和别的人也将如此。"

就在梁思成和林徽因沮丧着整理行装打算重新上路的时候，又传来坏消息，上一年，天津城区被淹，营造学社保存在天津的英国银行的地下保险库的照片底版、珍贵的文献、图册等建筑资料几乎全部被毁，这个消息迟滞了很久才传到梁思成和林徽因耳朵里，两人听闻后禁不住失声痛哭。

后来朱启钤老先生带领几个人，赶到天津抢救下来一些材料，将泡水的材料逐页晾干，将能看得清楚的图片和数据重新抄画下来，将能修复的底片修复，经整理后，透过种种渠道，又发给了营造学社。但即便这样，营造学社的损失仍让梁林二人痛心不已。

1940 年 11 月，梁思成被任命为中国营造学社社长，营造学社随中央研究院史语所搬迁。11 月 29 日，几个机关的人员和家属坐着带篷卡车分批从昆明出发，临行前，梁思成因脚患了破伤风，不得不留下治疗。林徽因只好独自带着两个孩子和母亲跟随大队人马出发。

在凄惶、混乱的时代中，林徽因一家被裹挟到了宜宾李庄镇—— 一个他们在地图上找不到的地方。他们在这里整整生活了六年。

第八章　书生报国

我认得有个人，很寻常地过着国难日子的寻常人，写信给他朋友说，他的嗓子虽然总是那么干哑，他却要哑着嗓子私下告诉他的朋友：他感到无论如何在这时候，他为这可爱的老国家带着血活着，或流着血或不流着血死去，他都觉到荣耀，异于寻常的，他现在对于生与死都必然感到满足。这话或许可以在许多心弦上叩起回响，我常思索这简单朴实的情感是从哪里来的。信念？像一道泉流透过意识，我开始明了理智同热血的冲动以外，还有个纯真的力量的出处。

——林徽因《彼此》

1. 藏在竹林深处的李庄

营造学社在离李庄镇约两里的上坝村，他们落脚的地点被称为月亮田。这里没有电灯，没有自来水，没有诊所和药品。林徽因一到月亮田就病倒了。此后一连几年，林徽因都被困在这个小村庄里，连两里外的李庄镇都没有去过。

四川气候潮湿，秋冬时节阴雨连绵，加上路途的颠簸劳累，诱发了林徽因的肺病。她这次病来势汹汹，连续多日高烧至四十度不退。

梁思成在昆明养好病之后，又赶赴了重庆，他要为营造学社申请和筹集研究经费。得知林徽因发病的消息，他用当月薪水买了些药品匆忙往回赶，尽管心急如焚，也要在水上漂流三天才能到家。

梁思成回到上坝村时，林徽因已烧得昏昏沉沉睁不开眼睛。无计可施的梁思成担当起了医生兼护士的角色，他学会了肌肉注射和静脉注射，每天给林徽因打针。那段日子林徽因经常咳喘蜷缩成一团，嘴唇憋得发紫，半天透不过气来，像是随时都有活不成的危险。

梁再冰和梁从诫放学回家，总是懂事地待在一边，不给大人添任何麻烦。外婆端来一盆清水，一遍遍地把湿毛巾搭上林徽因的额头。梁思成默默地守在林徽因身旁，隔一段时间为她量一次体温，仿佛把退烧的希望寄托在那小小的体温计上。

每当早晨的阳光透过窗子照在榻上，院外响起鸟儿的叫声，林徽因的烧就会退一些。也只有这个时候，她才有余力看一眼孩子和母亲，看一眼梁思成。她对拖累梁思成感到抱歉，梁思成自然懂她的眼神，他本是个幽默诙谐的人，可现在他连和林徽因开开玩笑宽慰一下她都不敢，生怕激起林徽因更强烈的咳嗽。另外，他也劳累了一夜，倦了，他不需多说什么话，就在林徽因身边沉沉睡去。

林徽因这次患病，起因还是上次犯病一直没有得到很好的治疗和休养。战时艰辛的生活消耗了她的体力和精力，从此，林徽因再也没有像正常人一样健康地生活过。

春天到了，天气渐渐暖和了起来。尽管四川的天气总是湿漉漉的，但太阳带来的暖意却一天天多了起来。

林徽因烧了几个月，终于一点一点地退了烧。虽然她还十分虚弱，每天只能靠在被子上坐一会儿，但总算活过来了。梁思成因此而心怀感激。他毫无怨言地承担起所有家务，尽心竭力地照顾林徽因。

旷日持久的战争，使战时经济陷入半瘫痪状态。1941 年，国统区粮食减产，物价飞涨，梁思成好不容易从教育部为营造学社申请来的经费，待变成每月领到手的薪金，已经贬值得如同一堆废纸。米、面、油及一切食品和日用品愈来愈贵，梁家的生活也越来越差。孩子们赤脚穿着草鞋，衣服上缝着补丁，到冬天才能穿上外婆做的布鞋。一次，梁从诫不小心打碎了家中唯一的一支体温计，很长时间里，林徽因就无法量体温，因为再也买不起也买不到一支体温计。

林徽因胃口很差，吃得很少，一直十分消瘦。偶尔有人从重庆或昆明送来一小罐奶粉，就是林徽因难得的高级补品。

林徽因的母亲是福建人，不会做面食，梁思成学会了蒸馒头。当地只能买到土制红糖，梁思成把橘皮切碎和土制红糖一起熬制，戏称为“甘蔗酱”，让孩子们抹在馒头上吃。有时实在没有钱用了，梁思成就得乘船到宜宾典当行去典当家里所剩无几的衣物。他和林徽因的手表、派克钢笔等稍微值点钱的物品都这样被“吃”掉了。每次离家去宜宾，梁思成总是苦涩地开着玩笑：“把这只表‘红烧’了吧!”“这件衣服可以‘清炖’。”

就在这时，梁思永也在李庄病倒了。他也是肺结核病，病情与林徽因非常相似。抗战前，梁思永曾参加过安阳小屯和后冈的殷墟发掘，并主持了城子崖遗址的第二次发掘工作，取得了举世瞩目的成绩。他曾在第六次太平洋学术会议上全面总结了龙山文化，是中国考古界公认的近代考古学和考古教育的开拓者之一。长期艰苦的田野考古损伤了他的身体，让他在壮年时已重病缠身。

这个时候，梁思成自己的老毛病也犯了，阴冷的气候、艰难的生活使他的脊椎软组织灰质化的病情日益严重。他的背越来越驼，体质和精力下降得厉害，梁家似乎已到绝境。

傅斯年看不下去了，先是向当时的驻美国大使胡适求助，盼他能募得一些款项救助梁家，后来又向中央研究院代理院长即后来的国民政府教育部部长朱家骅求助，恳请朱家骅为梁家兄弟拨款救济。信中部分内容如下：

思成之研究中国建筑，并世无匹，营造学社，即彼一人耳（在君语）。营造学社历年之成绩为日本人羡妒不置，此亦发扬中国文物之一大科目也。其夫人，今之女学士，才学至少在谢冰心辈之上……思永为人，在鄙所同事中最有公道心，安阳发掘，后来全靠他，今日写报告亦靠他，忠于其职任，虽在此穷困中，一切先公后私。

……

总之，二人皆今日难得之贤士，亦皆国际知名之中国学人。今日在此困难中，论其家世，论其个人，政府似皆宜有所体恤也……

为了周全起见，傅斯年又把同样的信寄给了当时任重庆国民政府经济部部长并和梁启超有私交的翁文灏，为免梁思成尴尬，还提到“弟写此信，未告二梁，彼等不知”，果然翁文灏将傅斯年的信放在了心上，找机会专程拜访了蒋介石的秘书陈布雷，12 天后，蒋介石派人送来两万元。傅斯年将这两万元转交给梁思成兄弟，林徽因还特意写信给傅斯年，表达谢意。信中提到梁家兄弟和自己未能对抗战有所贡献，反倒成为累赘，甚觉愧疚，尤其谈到自己没有做学问而感到难为情。

1941 年，林徽因的弟弟林恒在保卫成都的一次空战中，被一架日机击中头部而牺牲。林恒聪明而要强，1940 年以全校第二名的成绩从航校毕业。作为空军飞行员，他的飞行历史十分短暂，甚至来不及积攒任何经验。

梁思成没有当即把这个噩耗告诉林徽因，他自己到成都去处理了林恒的后事。很久之后，林徽因才得知弟弟的死讯，迟来的讯息并没有减少她的悲恸。

在这场反侵略的战争中，有无数像林恒这样的年轻人为了祖国抛洒热血，献出生命。相较之下，有些人对这些在西南联大的教授和学生颇有微词，在国家危难的时刻，做学问做研究有什么用？

有什么用？难道我们要为这场战争中断我们文化的传承，放弃国家与民族的前程吗？联大的师生历经轰炸、贫穷、病痛，却从未间断教学与研究，始终心系国家、民族的命运。这种精神是可以抹杀得了的吗？

那些牺牲的年轻战士们不就是为了不让这场战争毁掉我们所有国人的生活才勇敢走向战场的吗？他们报国的具体方式，就是保护全体国人。而在大后方的这些拿笔杆子的大学教授、知识精英最好的报国方式就是将我们中国的文化传承下去，培养出下一代优秀的中国人。

书生报国，自有书生报国的方式。

作为建筑学家，梁思成和林徽因报效祖国的方式，就是倾尽全力做自己的研究，让自己的建筑学研究不因战争而中断，让中国的建筑文化不因侵略而中断，让中国人的灵魂不因暂时遭受欺凌而萎靡。

梁思成、林徽因和营造学社的同人们决定，就在李庄，全面系统地总结整理他们战前的调查成果，着手撰写《中国建筑史》。

林徽因让梁思成从史语所给她借回来许多书，虽然不能像正常人一样活动自如，但她想，躺在床上也可以帮梁思成翻阅典籍，查找资料。她读了大量的汉代历史，想给梁思成研究汉阙、崖墓以帮助。她翻译了一批英国建筑学期刊上的学术论文，还准备撰写关于住宅建筑的论文。

在给费正清和费慰梅的信中，梁思成描述他们在李庄的生活：

在菜油灯下做着孩子的布鞋，购买和烹调便宜的粗食，我们过着我们父辈在他们十几岁时过的生活但又做着现代的工作。有时候读着外国杂志和看着现代化设施的彩色缤纷的广告真像面对奇迹一样。……我的薪水只够我家吃的，但我们为能过这样的日子而很满意。我的迷人的病妻因为我们仍能不动摇地干我们的工作而感到高兴。

梁思成称林徽因为“我的迷人的病妻”。当时长期的疾病已经摧毁了林徽因的美丽，她消瘦得厉害，颧骨凸了出来，双颊陷了下去，苍白的面容毫无血色，太阳穴处的青色血管清晰可见，那双晶莹的秀目也没有了光彩，显得苍老了许多，但梁思成对林徽因的爱以及视林徽因为自己的骄傲的感情仍然溢于言表。

林徽因依在床上，靠着被子半躺半坐。这样，她可以看书，还可以垫着书写作。这些日子里，她为了替梁思成收集汉代的建筑材料，不禁对汉代的历史入了迷。梁思成给费慰梅写信说："或许你到现在还不知道她已经陷入汉代不能自拔，而且和各类汉代人物私交甚笃。比如汉代皇帝、皇后、大臣们的好恶，她讲来头头是道，好像在谈论隔壁的好朋友一般。这还不算，她把他们的习惯、服装、用具至脾气秉性都能联系起来，如果她照现在这样持续研究下去，她将会成为当代一位博学的年轻女汉学家。"

西南联大放暑假了，金岳霖来到了李庄。虽说从昆明到李庄路途遥远，交通不便，但十年来，金岳霖已习惯了和梁思成、林徽因一家在一起的生活。他曾对费慰梅说："离开了梁家，我就像没了魂一样。"他跋山涉水来到李庄，只为了能和最亲密的朋友在一起待上一段时间。他的到来，给闭塞的李庄带来了外面的消息，给李庄的人们带来了西南联大老朋友们的问候，给梁思成、林徽因和他们的孩子们带来了友情和欢乐。为了给林徽因补身体，金岳霖买来了十几只雏鸡饲养，他是养鸡能手，光是看他养鸡，就能让梁家一家五口笑上半天。

金岳霖在李庄也不清闲，他正在撰写他的又一部哲学论著《知识论》。此前，他在昆明刚刚完成了《论道》一书。每当梁思成和林徽因一边讨论《中国建筑史》的写作问题，一边用一台老旧的、噼啪乱响的打字机打出提纲和草稿时，金岳霖就安静地坐在工作间角落的一张桌子旁伏案著述。其实，金岳霖原本在昆明已经快将《知识论》写成了。那时候，日本飞机经常来轰炸，他只好带着稿子跑，到了山上，他就坐在稿子上。有一次，轰炸的时间太长，天也快黑了，他站起来就走，稿子就落在山上了。等想起来再去找时，稿子已经不见了。他只好再写。一本六七十万字的稿子是不可能记住的，所谓再写，只可能从头到尾写新的。

下午四五点钟，一天的工作告一段落。大家放下手中的事情，聚在林徽因支着帆布床的那间起居室里，一壶粗茶，大家一边喝一边聊，仿佛又回到了当年在北总布胡同喝下午茶的时光。

在李庄，林徽因和梁思成格外想念那些留在昆明的老朋友，他们大多在西南联大执教。两人常要求金岳霖谈昆明的生活，谈他们共同的朋友。

一天，他们由飞涨的物价谈到昆明的各种食品，谈到林徽因最爱吃的“过桥米线”。金岳霖笑道：“如今在昆明，教课的那点钱已是什么都吃不起了。一个月的薪金发下来，常常是两个星期不到就花光了。”大家通常吃的都是白米饭拌辣椒，偶尔吃顿菠菜豆腐汤就算是改善生活了。为了补贴家用，教授们只好变卖家中衣物，到了卖无可卖的地步，便出去打小工或做些手工活儿挣钱。

中文系的闻一多挂出了刻章治印的招牌，清华校长梅贻琦的夫人跟别的教授太太一起织些围巾、帽子拿出去卖。梅太太年岁比别人大些，视力也不是很好，织得比较慢，大家就让她做做围巾上的穗子。后来，学校的庶务教她做上海式的米糕去卖。卖糕时梅太太脱下旗袍，穿上蓝布褂子，只说自己姓韩。没人知道，这是国民党中央委员、堂堂名牌大学校长的夫人……

林徽因感叹，一场战争像是颠倒了一个世界。这可爱的中国到底容纳了多少痛苦、鲜血和眼泪！这可爱的中国又给了国人怎样的坚定信念，让人们在苦难和血水里泡着也不认输！

2. 穿越逆境

林徽因在病中疯狂地思念老友，频繁地给费正清和费慰梅写信，一天，大队日本轰炸机正从李庄上空飞过，她写道：

……尽管我百分之百地肯定日本鬼子肯定不会往李庄这个边远小镇扔炸弹，但是一个小时之前这二十七架从我们头顶轰然飞过的飞机仍然使我毛骨悚然——有一种随时都会被炸中的异样的恐惧。它们飞向上游去炸什么地方，可能是宜宾，现在又回来，仍然那么狂妄地、带着可怕的轰鸣和险恶的意图飞过我们的头顶。我刚要说这使我难受极了，可我忽然想到，我已经病得够难受了，这只是一时让我更加难受，温度升高，心跳不舒服地加快……眼下，在中国的任何角落也没有人能远离战争。不管我们是不是在进行实际的战斗，也和它分不开了。

……

思成是个慢性子，愿意一次只做一件事，最不善处理杂七杂八的家务。但杂七杂八的事却像纽约中央车站任何时候都会到达的各线火车一样冲他驶来。我也许仍是站长，但他却是车站！我也许会被碾死，他却永远不会。老金（正在这里休假）是那样一种过客，他或是来送客，或是来接人，对交通略有干扰，却总是使车站显得更有趣，使站长更高兴些。

林徽因写好信，叫梁思成和金岳霖过来看，问他们要不要给约翰（费正清）和维尔玛（费慰梅）写几句话。

金岳霖看了林徽因的信，接着写了几行附言：

当着站长和正在打字的车站，旅客除了眼看一列列火车通过外，竟茫然不知所云，也不知所措。我曾不知多少次经过纽约中央车站，却从未见过那站长。而在这里却实实在在既见到了车站又见到了站长。要不然我很可能把他们两个搞混。

梁思成读了林徽因的信和金岳霖的附言，在信的末尾写道：

现在轮到车站了，其主梁因构造不佳而严重倾斜，加以协和医院设计和施工的丑陋的钢板支架经过七年服务已经严重损耗。从我下面经过的繁忙的战时交通看来已经动摇了我的基础。

费正清和费慰梅在华盛顿收到了林徽因的信，读着信，费慰梅哽咽得说不出话来。她难过，不仅仅因为信的内容，她觉得这封信所传递的信息比信的字面所讲述的要丰富得多。

信写在不同质地、大小不一的信纸上，这些纸不仅薄，而且发黄发脆。费慰梅猜想，也许这些纸是包过肉和菜，从街上带回来的。信纸上的每一小块空间都充分利用了，没有天头，没有地脚，甚至也不分段，字写得小而密集。这样一封信，封面所贴的邮票却贵得离谱。在当时梁家极度困窘的日子，林徽因还执着地给费慰梅写信，一方面她固然珍视与费慰梅的友谊，一方面她被困在这一张帆布床上，极需要和老友作精神方面的交流，她想诉说的太多太多……

1942 年的春天，林徽因的病症并没有因为这个万物复苏的季节而有所好转。结核病菌蚕食着她的体力和健康，有时候就连多看一会儿书都做不到。她虚弱得眼冒金星、耳鸣，有时候憋闷得整夜不能入睡。梁思成又去重庆了，自从来到李庄，他每隔一段日子就要去重庆筹措经费。

林徽因躺在床上，什么也不能做，自我厌恶、自我嫌弃的情绪在心中滋长，她一动不动地望着窗棂，凭着阳光在上面变动的位置和色泽来判断时间，就在这种极致的孤独与忧郁中，一些诗句从心底浮了上来：

一天

今天十二个钟头，
是我十二个客人，
每一个来了，又走了，

最后夕阳拖着影子也走了！

我没有时间盘问我自己胸怀，
黄昏却蹑着脚，好奇的偷着进来！
我说，朋友，这次我可不对你诉说啊，
每次说了，伤我一点骄傲。
黄昏黯然，无言的走开，
孤单的，沉默的，我投入夜的怀抱。

这些诗行，如同从林徽因的哀愁中盛开的花朵，凄清、惆怅，又带有一丝豁达和自嘲。诗句从心中自然流出，毫无矫饰，简单纯净。

林徽因精神好一些的时候，喜欢让女儿和儿子坐在床前，给他们背诵和讲解古诗词。她讲杜甫的“可怜小儿女，未解忆长安”，讲陆游的“王师北定中原日，家祭勿忘告乃翁”，讲岳飞的“怒发冲冠，凭栏处、潇潇雨歇。抬望眼，仰天长啸，壮怀激烈”。而全家最喜欢的是杜甫的《闻官军收河南河北》：“剑外忽传收蓟北，初闻涕泪满衣裳……”这首诗无论谁起个头，大家都会一齐接着背下去：“……白日放歌须纵酒，青春作伴好还乡。即从巴峡穿巫峡，便下襄阳向洛阳。”他们以背诵着这样的诗句，寄托心中的期望，这是他们流亡生涯中从来不曾泯灭的希望。

尽管研究经费微薄，营造学社的工作还是要继续下去，在写《中国建筑史》之余，梁思成决定整理北宋的《营造法式》，由于营造学社历年来野外考察收集的实例，已让梁思成对于唐宋辽金几朝的木结构建筑有了比较成熟的看法，他和助手们开始给《营造法式》的部分难懂内容做注释。他们一方面把书中难懂的术语和古文翻译成现代汉语，一方面用现代制图的方法对书中的工程做法给予详细的诠释。虽然梁思成只是注释了一部分，后来因为忙于其他事务而搁置了，但他做的工作仍具划时代的意义。

林徽因缠绵病榻，却没有停止阅读，她靠着在阅读中得来的建筑信息帮助梁思成解读中国古建筑，她只要有事可做，能帮上营造学社的忙，就格外有精神。这一点点的成就感支撑着她熬过一天又一天。

因为《中国建筑史》的绘图任务量很大，营造学社通过招考，聘用了一位年轻人罗哲文，另外还有两名中央大学建筑系的毕业生——卢绳和叶仲玑，也来到了学社实习。年轻人的到来使营造学社不大的院落里充满了勃勃的生机。

学社院内有一棵大桂圆树，硕大的树冠在院子里撑起了浓密的树荫。梁思成让人在桂圆树上拴了一根粗粗的竹竿，他领着几个年轻人每天练习爬竹竿——为了将来有机会进行野外考察测绘时，不丢掉爬梁上柱的本领。梁思成在最艰难的日子里，对这场战争必将胜利有着不可动摇的信心。

几个年轻人中，罗哲文只有十八岁，脸圆圆的看上去像个稚气未脱的孩子。罗哲文原名罗自福，与美国的总统罗斯福谐音，学社的人总爱戏称他“罗总统”，后来梁思成说中国伪的东西太多了，什么伪政府、伪主席，你就不要再当伪总统了，赶紧改个名字吧，于是为他更名“罗哲文”。没事时，罗哲文爱和梁思成的儿子梁从诫和刘敦桢的儿子刘叙杰趴在地上打弹珠玩。卢绳是中央大学建筑系的学生，对中国古典诗词颇有研究。他看到罗哲文打弹珠的样子就写了一首打油诗贴在桂圆树上：“早打珠，晚打珠，日日打珠，不读书。”在那样的背景下，营造学社居然也充满了快活的气氛。

然而，这只是苦中作乐而已。梁从诫回忆在李庄的日子时曾提到这样一件小事：“家里买不起鞋，我就打赤脚或穿草鞋上学，我的脚后跟被草鞋磨破化了脓，父亲叫我趴在椅子上，问我怕疼不怕，我咬着牙说不怕。他就咔嚓一剪刀把一块坏死的肉生生给我剪了下去，然后往边上倒碘酒，疼得我眼前直冒金星，但我一声没吭，他只说了一句‘好孩子’。”

林徽因在写给费慰梅的信中也说：“我的两个孩子越来越像狄更斯小说贫民窟里的难童，从诫腿上满是各种蚊虫叮咬的疤痕，看上去已经不像腿了。”

1942 年秋，林耀——林徽因、梁思成认识的空军学员中唯一还活着的人来李庄看他们，林徽因高兴极了，林耀带来一台留声机和几张唱片，着实让梁家热闹了几天。然而一安静下来聊天，他和林徽因的共同话题，只有战争，只有那些牺牲的空军学员，只有林恒，所以他们常常一时聊得兴起，一时又瞬间沉默，相顾无言。林耀很快离开了李庄，奔赴战场。林徽因不知道他能不能活到战争胜利以后，她只是从林耀的眼睛里看到了深不见底的悲伤，战争仿佛已经永远抽走了他那根快乐的神经。

1942年秋，费正清来到了中国，他以美国驻中国大使馆特别助理的身份，先去了昆明，见了梅贻琦、金岳霖、钱端升等人，西南联大教授的贫困让他震惊，他亲眼看见教授们住的地方老鼠横行，却连猫都养不起。他在书中写道：“他们正在顽强地战斗，但是不可能持续太长时间。你可以想象这种情况——这里充斥着绝望、悲惨、勇敢面对、互相支持以及思想与行动逐渐衰退。”随后，他又到了重庆，到重庆后，他立刻赶去中央研究院招待所，他听说梁思成经常来重庆“要钱”，果然梁思成在这里。

分别七年后相见，又是在这样的非常时期，两位老朋友格外激动，他们紧紧地握着手，久久不肯松开。费正清这时已经是美国华盛顿政府里具有一定影响力的中国问题专家，而梁思成尽管显得很疲倦瘦弱，但在费正清眼里，他却“具有在任何情况下都像贵族那样的矜持和魅力”。

返回李庄的梁思成给费正清手绘了一张地图，因为李庄原本是个地图上找不到的地方。1942年11月，循着梁思成的地图，费正清经过三天三夜的颠簸到达了李庄。因为路途遥远，环境不适，费正清患了感冒，到李庄的头几天一直躺在床上发烧，和林徽因的病床隔着一间过厅。梁思成则在两张病床之间忙碌着照顾病人。费正清目睹了梁家的困境，看到了失去了昔日美丽容颜的林徽因仍然强撑着病体做各种事情，他更看到了梁思成和林徽因的书案上、病榻前堆积如山的资料和文稿。他们在这样近乎原始的生存环境中坚持从事学术研究，费正清被深深地打动了。

此时，梁思成和林徽因迫切需要费正清帮助的只有一件事，那就是把他们绘制的关于中国古代建筑的八十幅图纸做成微缩胶片。这样，首先保证了出版之前这些正规的、耗费了他们大量心血的绘图至少有一套复制品；其次，在这战乱频仍的年头，微缩胶片便于携带和保管。他们可以随身带着它，期待着战争结束以后出版他们的著作。这件事对费正清来说并不难做到。梁思成在重庆欣喜地看到了胶片，这对他和林徽因来说是莫大的慰藉。

回到重庆后，费正清立即着手进行美国政府援助中国学者的三年计划。在给美国政府的报告中，他指出，清华的教授及曾经留学美国的中国学术界各领域人才，是中国学术界中的精英，是美国在中国的有形投资。但是，他们正经受着贫困和营养不良的折磨，所以，他吁请美国政府进行干预，帮助他们，他认为“这种干预是合乎政治和道德的双重需要的”。

从 1943 年开始，费正清通过私人渠道从美国运回大量的维生素药物和钢笔、手表等稀缺物品，用各种秘密的方式分发给西南联大的教授们。

3. 曙光初现

时间进入 1943 年，长时间贫困短缺而无望的日子，使营造学社陷入了前所未有的困境。梁思成的老友、学社的骨干刘敦桢为了全家的生计，决定离开学社到中央大学建筑系任教。两人从1932年开始合作，到1943年，已经足足十一个年头，可现实的残酷逼得人不得不在理想与面包之间做出选择。另一位学社的同事陈明达也为生活所迫，告别了学社，到西南公路局就职。梁思成的心情极度低落。

林徽因当然也不好过。她是最离不开朋友的，她的肺病也适合在温暖干燥的地方修养，可她为了营造学社，来到李庄这个潮湿阴冷的地方，舍弃了朋友，舍弃了健康，她付出了这么多，咽下所有的不情愿，就是为了保住营造学社，而如今眼看营造学社有解散的危险，她心中升起的恐惧较之她生病受到死亡威胁的恐惧更大。

或许哀兵必胜，又或许营造学社的其他成员们对梁思成和林徽因有种信仰般的依赖。只要他们两个还在坚持，其他成员也就没有理由放弃。1943年至1944年，营造学社集中力量对宜宾及周边的古建筑做了考察。1944年，新加盟学社的王世襄先后调查测绘了宜宾旧州坝白塔、宋墓及李庄宋墓。

在上坝村营造学社简陋的工作室里，在夜晚昏黄的菜油灯下，在半饥饿的状态中，梁思成完成了《中国建筑史》的写作，实现了中国建筑史要由中国人自己来写的夙愿。在这部著作里，营造学社十二年来对中国古建筑的研究和考察得到了系统的归纳总结。林徽因、莫宗江等人都参加了这项工作。尤其是林徽因，不但负责收集汉代、辽、宋的文献资料，同时还承担《中国建筑史》全部书稿的校阅和补充、润色工作，并执笔写了书中的第六章，即宋、辽、金部分。

为了这部书籍，梁思成和林徽因付出了常人难以想象的艰辛。梁思成的脊椎病常常折磨得他抬不起头来，他就用小花瓶撑住下巴，以便继续工作；林徽因大口大口咳血，稍微好一点就坐在床上翻阅各种史料。所有营造学社的成员在这样艰苦的条件下合力完成了《中国建筑史》。

也在这一年，梁思成受国立编译馆的委托用英语写成了《图像中国建筑史》。这部著作以图版和照片为主，加以文字介绍说明。所有图注都采用英汉对照形式，这是一部“借助若干典型实例的照片和图解说明中国建筑结构体系的发展及其形制的演变”的著作，对梁思成来说，这是一项艰巨的工作，可他和林徽因都甘之如饴。据梁从诚回忆说：“记得一天晚上，父亲一面听着空军朋友留下的‘呲啦，呲啦’响的老式留声机放着的古典音乐，一面在看书里的佛像插图，忽然自言自语地说：‘听音乐，看雕像，真是人生一大享受！’”

梁思成所做的这一切，都融入了林徽因的心血。梁思成的所有文字，大多经过她的加工润色。这些文字集科学家的理性、史学家的清明、艺术家的激情于一体，把建筑的美感写到极致。梁思成在《图像中国建筑史》的前言中表达了对林徽因的感谢和敬重：

最后，我要感谢我的妻子、同事和旧日的同窗林徽因。二十多年来，她在我们共同的事业中不懈地贡献着力量。从在大学建筑系求学的时代起，我们就互相为对方“干苦力活”，此后，在大部分的实地调查中，她又与我做伴，有过许多重要的发现，并对众多的建筑物进行过实测和草绘。近年来，她虽罹重病，却仍葆其天赋的机敏与坚毅；在战争时期的艰难日子里，营造学社的学术精神和士气得以维持，主要应归功于她。没有她的合作与启迪，无论是本书的撰写，还是我对中国建筑的任何一项研究工作，都是不可能成功的。

这一年，中国的抗日战争转为战略进攻。这一年，梁思成、林徽因恢复了停办七年之久的《中国营造学社汇刊》，经费来自建筑界同人以及学社社友的捐助。上坝村月亮田没有现代印刷的设备和能力，没有铅字，没有纸张，更没有铜版、铅版，梁思成决定用原始的石印。将插图直接绘版，而不用照片；文字放弃铅字排版，直接抄录。从制版、印刷到装订、发行，全部由学社社员亲自动手。10月，该刊正式复刊。

1944年，林徽因的病情恶化，她时常感到膀胱部位一阵阵剧痛，因为无法就医，她并不知道结核球菌已经感染了她的肾脏，只是一天天忍着、熬着，在这样的境况下，她写了《忧郁》一诗：

忧郁自然不是你的朋友，
但也不是你的敌人，你对他不能冤屈！
他是你强硬的债主，你呢？
是把自己灵魂押给他的赌徒。

你曾那样拿理想赌博，

不幸　你输了；
放下精神最后保留的田产，
最有价值的衣裳，
然后一切你都赔上。
连自己的情绪和信仰，那不是自然？

你的债权人他是，那么，
别尽问他脸貌
到底怎样！
呀天，你如果一定要看清
今晚这里有盏小灯，
灯下你无妨同他面对面，你是这样地绝望，他是这样无情！

卧床的孤独让林徽因变得消极而悲观，长时间的疼痛更让她像是长在悬崖边一棵枯萎的树，没有了多少生机。

就在这一年，林耀牺牲了。消息传来，林徽因又一次忍不住痛哭失声。当年的八名空军学员加上她的弟弟林恒，九位战士至此全部殉国，他们没有一个人等来这场战争的胜利，平均年龄不到二十五岁。林徽因想到三年前牺牲的弟弟，想到这群以生命报效祖国的年轻战士，写下《哭三弟恒——三十年空战阵亡》：

弟弟，我没有适合时代的语言
来哀悼你的死；

它是时代向你的要求，
简单的，你给了。
这冷酷简单的壮烈是时代的诗
这沉默的光荣是你。

假使在这不可免的真实上
多给了悲哀，我想呼喊，
那是——你自己也明瞭——
因为你走得太早，
太早了，弟弟，难为你的勇敢，
机械的落伍，你的机会太惨！

三年了，你阵亡在成都上空，
这三年的时间所做成的不同，
如果我向你说来，你别悲伤，
因为多半不是我们老国，
而是他人在时代中碾动，
我们灵魂流血，炸成了窟窿。
……
弟弟，我已用这许多不美丽言语
算是诗来追悼你，
要相信我的心多苦，喉咙多哑，
你永不会回来了，我知道，
青年的热血做了科学的代替；

中国的悲怆永沉在我的心底。

……

你相信，你也做了，最后一切你交出。

我既完全明白，为何我还为着你哭？

只因你是个孩子却没有留什么给自己，

小时我盼着你的幸福，战时你的安全，

今天你没有儿女牵挂需要抚恤同安慰，

而万千国人像已忘掉，你死是为了谁！

这首诗，可谓字字血泪。林徽因永远记得，当初在昆明，这几个风华正茂的空军学员拿着模型讨论如何驱逐敌机的时候，一些高官依然过着锦衣玉食的生活，想着修建他们的花园，还有更多一些人，依旧过着吃喝讲究的生活。她痛惜这群年轻战士的生命，可除了写这样一首诗，她又能做什么！

1945 年，梁思成被任命为战区文物保护委员会副主任。盛夏时节，他带着营造学社年轻的工作人员罗哲文来到了重庆。

罗哲文到营造学社三年多了。他师从梁思成，从最基础的绘图技艺学起，如今已能熟练地胜任描图绘图工作。自从到学社工作，他从未离开过李庄一步，如今能跟着梁思成到大都市重庆去，他高兴极了。

罗哲文到了重庆，和梁思成住进了中央研究院。每天，他的工作就是把梁思成交给他的标有各种符号的图纸绘制成正规的地图。这些图纸上绘制的大多是日本人占领的区域，图纸上的符号，标注出了这些区域中的古城、古镇和古代文物建筑。

其中有一些是外国的城市，罗哲文特别注意到，这些城市包括日本的古城京都和奈良。

此后，在以美国为主的盟军对日本本土的大规模轰炸中，日本的所有重要城市都遭到了毁灭性的打击，只有京都、奈良这两座古城奇迹般地毫发未损。

梁思成对此中内情缄口不言，年轻的罗哲文也从未把这事与自己的工作联系在一起。直到四十年后，在日本奈良召开的保护古代文物建筑的国际学术会议上，梁思成超越国界保护人类文化财富的行为被人称颂。他被日本人民称为“古都的恩人”。罗哲文这才明白他们当年在重庆工作的特殊意义。

1945 年夏天，费慰梅作为美国大使馆的文化专员来到了重庆，见到了梁思成，并和他一起经历了日本宣布无条件投降的狂欢之夜。她随即到李庄看望了林徽因，她们相拥而泣，相互诉说着离别十年后各自的生活。费慰梅还给林徽因带来了治肺病的药品。不久，林徽因在梁思成的陪伴下到了重庆，由于病弱不能随意走动，费慰梅就开车带她到大街上兜风。在大街上，林徽因的目光久久停驻在那些五光十色的街灯、色彩斑斓的店面装饰上。五年了，她终于回到了有现代气息的生活中。

梁从诫在重庆上学，每逢周末就会来林徽因暂住的中央研究院陪她聊天，他提起日军攻占贵州都匀，直逼重庆，重庆城内人心惶惶的情形，他问道：“妈妈，如果当时日本人真的打进了四川，你们打算怎么办？”林徽因若有所思地说：“中国念书人总还有一条后路，我们家门口不就是扬子江吗？”梁从诫急了，禁不住问：“我一个人在重庆上学，那你们就不管我啦？”

林徽因握住儿子的手，小声而坚定地说道：“真要到了那一步，恐怕就顾不上你了。”

费正清的朋友里奥·埃娄赛尔是美国著名的胸外科专家，当时正在战后重庆的中国善后救济总署工作，他为林徽因做了检查，然后告诉费慰梅：林徽因的双侧肺部和一侧肾均已被结核菌严重感染，根据他的诊断，林徽因的生命最多还能维持五年。

金岳霖等老朋友知道了林徽因的病情，想接林徽因到昆明住一段日子，养养病，毕竟昆明的气候要比重庆好得多。1946年，林徽因和梁思成商定后，启程飞往昆明。林徽因在昆明见到了许多老朋友，彼此都有劫后重逢、枯树发新芽的感觉。林徽因在给费慰梅的信中诉说了自己快乐兴奋的心情：

……直到此时，我才明白，当那些缺少旅行工具的唐宋时代的诗人们在遭贬谪的路上，突然在什么小客栈或小船中或某处由和尚款待的庙里和朋友不期而遇时的那种快乐，他们又会怎样地在长谈中推心置腹！

我们的时代也许和他们不同，可这次相聚却很相似。我们都老了，都有过贫病交加的经历，忍受了漫长的战争和音信的隔绝，现在又面对着伟大的民族奋起和艰难的未来。

林徽因和朋友们在一起，在昆明明媚的天气下，身体一点一点地有了好转的迹象。梁思成这时忙着把在李庄的营造学社的所有资料和工具箱打包收拾，准备着一旦交通恢复正常就立刻离开这里。

然而，很快地，解放战争爆发了。这让很多各地的知识分子感到愤懑和绝望。历经十四年的抗战，国家已经千疮百孔，真就像一座四处漏风却依然挺立在岁月中的古建筑，此时此刻最重要的是修复而不是摧残。然而国民党政府比起恢复国家的生机，更在乎自己手里的权力。

林徽因在给费正清的信中表达了对现实的不满："……中国是我的祖国，长期以来，我看到她遭受这样那样罹难，心如刀割……我作为一个'战争中受伤的人'，行动不能自如，心情有时很躁。我卧床四年，一心盼望着这个'胜利日'……如今胜利果然到来，却又要打内战，一场旷日持久的消耗战……我很可能活不到和平的那一天了，我在疾病的折磨中就这样焦躁烦躁地死去，真是太惨了。"

林徽因虽如此说，但经历了最难熬的日子，她那种坏脾气、那种遇事就急躁、情绪就剧烈变化的脆弱和敏感，被这场战乱以最残忍的方式激化继而狠狠地剥落下来了，她变得坚强而镇定："我们遍体鳞伤，经过惨痛的煎熬，使我们身上出现了或好或坏或别的什么新品质。我们不仅体验了生活，也受到了艰辛生活的考验。我们的身体受到严重的损伤，但我们的信念如故。现在我们深信，生活中的苦与乐其实是一回事。"

第九章　浮生若梦

感谢生命的讽刺嘲弄着我，
会唱的喉咙哑成了无言的歌。
一片轻纱似的情绪，本是空灵，
现时上面全打着拙笨补丁。

肩头上先是挑起两担云彩，
带着光辉要在从容天空里安排；
如今黑压压沉下现实的真相，
灵魂同饥饿的脊梁将一起压断！

我不敢问生命现在人该当如何
喘气！经验已如旧鞋底的穿破，
这纷歧道路上，石子和泥土模糊，
还是赤脚方便，去认取新的辛苦。

——林徽因《小诗》(一)

1. 北　归

1946 年 7 月，林徽因和梁思成乘飞机北归。他们回到了离别十年，魂牵梦萦的北平。经历了战火的北平并没有多大变化，可他们却变了。林徽因身体每况愈下，梁思成两鬓已有银丝。一场战争带走了他们的健康，带走了他们做研究的最好年华，唯一没有带走的就是他们对建筑的热爱。

从 1930 年到 1945 年，15 年里，林徽因和梁思成走遍中国 15 个省，200 多个县，测量、摄影、分析、研究的古建筑和文物达 2000 多处。他们完成了《中国建筑史》和《图像中国建筑史》两部巨著，为《营造法式》做了部分注解，替中国建筑和中国建筑学界的知识分子挽回了尊严。他们认为在古建筑研究上，尽管还有诸多不足，但可以暂时告一段落，战后国家重建应该会急缺懂建筑的人才，培养建筑人才是当务之急。

另外还有一个现实的问题，八年间，营造学社的财力已空，老社长朱启钤家财散尽，陆续变卖收藏的古书、古董、字画，饶是如此，也难维持生计。梁思成数次前往重庆，去各部门筹款，也变得日益艰难。而营造学社的成员陪梁思成、林徽因共患难，度过最艰难的时光，如今也要为他们以后的前途着想。病中的林徽因前往西南联大拜会梅贻琦，请求在清华建立一个中国建筑研究所，组成人员为原营造学社成员，让他们在从事教学的同时，继续古建筑的勘察研究工作。早已经答应梁思成在清华大学增设建筑系的梅贻琦接受了林徽因的请求，但是，他已经任命梁思成为工学院建筑系的系主任，鉴于清华大学一直有夫妻二人不能同时聘任的原则，林徽因不能在清华大学任教，林徽因对此表示理解。

1946 年，梁思成、林徽因全家搬进了清华园新林院 8 号，这是清华的教授楼，院落幽静，住房宽敞。金岳霖和几个老朋友离得都很近。他们还是时常聚会，梁家的客厅依然是聚会的中心，只不过每个人都留下了战争的伤痕，这种伤痕表面上似乎看不出来，但却藏在他们的语气里，藏在他们的话题里，藏在他们忽然的沉默里。

建立清华建筑系的工作尚未就绪，梁思成就接到通知，教育部和清华大学委派他赴美国考察战后美国的建筑教育。同时，他收到了耶鲁大学和普林斯顿大学的邀请函。耶鲁大学邀请他作为 1946—1947 学年的客座教授到纽黑文市讲授中国建筑和艺术，普林斯顿大学则邀请他参加“远东文化与社会”国际研讨会。此间，他又被外交部推荐，出任联合国大厦设计顾问团的中国代表。

梁思成担心林徽因的身体，有些犹豫，林徽因则全力支持梁思成的这次远行，她知道这次交流同时也是学习的好机会，是与世界建筑界接轨的好机会。梁思成赴美之前，把与他在重庆合作过的吴良镛调到清华，交代他建筑系的任何事情都可与林徽因商量。林徽因早在沈阳就与梁思成一起经历了东北大学建筑系白手起家的全过程。如今，虽然她没有在清华担任教职，但她视建筑系的事情为自己的事情，梁再冰回忆当年，说母亲林徽因“把全部心血拿出来帮吴先生把建筑系搞起来，从桌椅板凳、行政工作，一直到课程设置，甚至第一次学生怎么上课，全部都参加，真是花尽心血。但是当时她既不是清华的教授，也不是清华的职员，什么都不是，也不领任何工资”。

就这样，清华建筑系度过了第一个学期。1947 年初，原来营造学社的社员刘致平、莫宗江、罗哲文一起北上，加盟了清华大学建筑系，教师队伍开始扩大。然而此时资料室的图书资料严重不足，林徽因又把自己家里的书推荐给年轻教师，由着他们挑选、借阅。梁家的藏书成了建筑系的财富，无论是教师还是学生，谁都可以到梁家去借书看，那些珍贵的善本书、绝版书，整天在系里传阅。

林徽因虽然足不出户，但作为家里的主妇，她知道如今物价飞涨，时局维艰。1947 年 1 月初，米价为每担 6 万元，到 6 月已经涨到每担 50 万元。常听说有学生在食堂门口典当衣物。

林徽因组织建筑系一些人成立了工艺美术设计组，他们承接了外边一些活儿，林徽因用所得收入购买了颜料、纸张、文具，供建筑系生活困难的学生使用。

建筑系的年轻教师喜欢来林先生家，他们在这里无论是请教教学中的问题，还是谈生活、谈艺术，都觉得精神上十分放松和自由。林徽因也尽力解答他们的问题和困惑，从西方建筑艺术的发展谈到古建筑的保存，从建筑创新谈到如何发挥民族建筑艺术特点，林徽因常常滔滔不绝。然而等他们走后，她就会呻吟着躺下，浑身冒虚汗，半天喘不过气来。即便如此，下次家里来了人，她依然如同没事人一样兴致勃勃，谈笑风生。她喜欢忙碌，喜欢分享观点和创意，喜欢发表自己的见解，喜欢在大家的讨论中碰撞出火花。她向来如此，在北总布胡同时如此，现在也如此。也许在别人看来，这算是一个缺点，可对于林徽因而言，这是她的生命力和热情之所在。

金岳霖给费正清夫妇的信中说："年轻人来这里倾听一位女子的妙语连珠，人共知她的爽直前卫，拥有天赋和聪明，（哦！她讨厌做聪明人）她激情无限、创造力无限，她的诗意（不仅仅是她能写诗歌）、她敏锐的感受力和鉴赏力，总之，人所渴求的她应有尽有，除却学究气。学究气的反面是丰富多彩，一个人学究气越重也就越丧失色彩。我宁愿自己更富于色彩，看看徽因是多么丰富多彩，而可怜的我！如此苍白，彻头彻尾地苍白！……"

那段时间，每天夜里，林徽因在床上辗转反侧，一次次地剧烈咳嗽、咯痰、喝水、吃药……她憋得气喘吁吁，生怕吵醒了熟睡的母亲和孩子。她孤身承受着病痛的折磨，眼睁睁看着窗外的天空一点一点地变白，女佣进厨房了，母亲起床说话了，这时，她才昏昏沉沉地睡了过去。

她在长久的憋闷中，也曾希望痛快地死去。可是当阳光透过窗子照在她的脸上，她睁开眼睛迎接新的一天，又会升起活下去的希望。

梁思成在美国过着忙碌的生活，除了在耶鲁讲学，还参加了普林斯顿大学建校 200 周年的庆祝活动，那主要是一系列的学术活动。他在“远东文化与社会”研讨会上，作了“唐宋雕塑”与“建筑发现”两场学术报告。

普林斯顿大学因梁思成在中国建筑研究方面的贡献，授予他荣誉文学博士学位，并给出这样的评价：“文学博士梁思成，一个创造性的建筑师以及建筑历史的讲述者，是中国建筑史研究和探索方面的开创者，也是恢复、保护他本国遗存的带头人。”

依照林徽因的嘱咐，梁思成在美国全面检查了身体，重新为伤病的脊椎定做了轻型材质的支撑架，更换了假牙。他还看望了美国的亲友，抽空和费正清、费慰梅在一起待了几天，他和费慰梅一同修订了《图像中国建筑史》。

中国国内的消息令人不安，许多朋友劝他留在美国。

梁思成说：“不管内战结局如何，我和家人都想留在北平。”他和林徽因都不愿离开北平，更不愿离开祖国。长时期的职业生涯使他和林徽因的政治兴趣和经验都很少。和许多知识分子一样，他们很难相信事情还会变得更糟。他们认定，无论谁掌握政权，自己的专业都能派上用场。

梁思成离开北平一年了。

1947 年夏，梁思成得知林徽因病情加重，很快结束了在美国的工作，回到北平。梁思成在回北平的路上给费慰梅写信倾吐心声："我害怕说再见，未来难再团聚的感觉总是隐隐袭上心头，如果还有机会来美国，我一定要带徽因同行，但我怀疑她今生是否还有体力远行。所以我们只能期待你们来看我们，可这和我们团聚美国太不一样了，这是徽因数年的一个梦想。每当想到这里我就非常难过，我觉得是我……是我的忽视，我的不够尽心尽力造成了徽因现在的状况，我永远也无法原谅我自己……"

医生建议林徽因手术摘除被结核球菌感染的一侧肾，可她一直发着低烧，因为发烧，医生建议手术时间后延。梁思成的归来使林徽因喜悦而心安，她感觉身体状况好了一些。她发现，这么多年来，她每次病情加重的时候，都是梁思成不在她身边的时候。她把自己的这一发现告诉了梁思成，梁思成诙谐地笑道："那当然，我是林小姐最好的私人护理和心理医生嘛！"

医院的生活是单调乏味的。每天照例的查房、检查、量体温、服药。白色的病房、白色的走廊就是林徽因活动的全部空间。她在给费慰梅的信里说："我将打住所有的废话，和你聊聊我的病房所在的这座楼。它是民国初年建的一座漂亮建筑：一座'袁世凯式'、由外国承包商盖的德国巴罗克式四层楼房！我的两扇朝南的狭长前窗正对着前庭，可以想象1901年时那些汽车、马车和民初的中国权贵们怎样装点着那水泥铺成的巴罗克式的台阶和通道。"

林徽因在病重时，还在观察建筑，还能找到乐趣，语气里和往常一样带着幽默和嘲讽，费慰梅读后不知是欣慰还是心酸。然而她的乐观心态并没有持续很久，她的身体时而发烧，时而有其他的并发症，手术的时间一拖再拖。最后病情终于稳定了，天气却又冷了，还要等到医院来暖气才能决定手术时间。林徽因本就是个急脾气，此刻更是感到极度的烦闷和焦躁。她在诗中宣泄了自己的心情：

恶劣的心绪

我病中，这样缠着忧虑和烦扰，
好像西北冷风，从沙漠荒原吹起，
逐步吹入黄昏街头巷尾的垃圾堆；
在霉腐的琐屑里寻求安慰，
自己在万物消耗以后的残骸中惊骇，
又一点一点给别人扬起可怕的尘埃！

吹散记忆正如陈旧的报纸飘在各处彷徨，
破碎支离的记录只颠倒提示过去的骚乱。
多余的理性还像一只饥饿的野狗
那样追着空罐同肉骨，自己寂寞的追着
咬嚼人类的感伤；生活是什么还都说不上来，
摆在眼前的已是这许多渣滓！

我希望：风停了，今晚情绪能像一场小雪，
沉默的白色轻轻降落地上；
雪花每片对自己和他人都带一星耐性的仁慈，
一层一层把恶劣残破和痛苦的一起掩藏；

在美丽明早的晨光下，焦心暂不必再有，——

绝望要来时，索性是雪后残酷的寒流！

在这首诗的最后，林徽因注上了时间："三十六年十二月病中动手术前。"她的诗很少这样郑重其事地详细注明写作的时间。她似乎感觉到了生命的流逝，所以刻意在给自己余下的时间记上标记。

这一年的12月24日，林徽因做了一侧肾切除手术。手术前，许多人来看望她，金岳霖、张奚若、沈从文、莫宗江、陈明达……他们之间默契到了一个微笑、一个眼神彼此都能心领神会的境界。

林徽因的手术成功了。只是她的体质实在太差，术后伤口长时间不能愈合，这无疑消耗了她的生命。

时间进入1948年，国民党政府金融改革失败，商品奇缺，纸币贬值，物价飞涨。人们领工资要扛着麻袋，上街买东西要拎着大包，里面塞满了钞票。今天一堆钞票能买一顿饭，明天就只能买一盒火柴。学生们再也无法安心读书，四处写标语反内战，很多教授为了生存，不得不把书当掉换取生活用品。

林徽因写信给费慰梅说："我们的经济生活对于那些有幸免于忍饥挨饿的人们来说，意味着头一天还有数万元家财，而第二天就又变得一文不名。当生活整个来说都乱套的时候，我的卧床生涯就没什么意义了。"

刚刚动过手术的林徽因缺乏治疗的药品和补养的食品，梁思成想尽办法，甚至开着汽车到乡下采购，却常常连一只鸡都买不到。不得已，他向费正清和费慰梅求援，请他们从美国寄些链霉素来。同时希望他们能寄一盒五百张的打字纸，因为在北京买一盒打字纸需花去他半月的薪水。

手术后的低烧消退后，林徽因就要求出院，回到了清华园自己的家中。清华住宅区的房间高大宽敞，但是却没有暖气。林徽因体弱怕冷，室内温度的高低关系林徽因的健康和术后恢复，梁思成于是在家里生了三个约有半人高的大炉子，这些炉子很难伺候，收拾不好就容易熄火。添煤、清除煤渣，事情烦琐，梁思成怕女佣照顾不好误了事，所以总是亲力亲为。他遵医嘱每天为林徽因配营养餐，给林徽因读英文报刊，每次去系里之前，他总是在林徽因身边和背后放上各种大大小小松软的靠垫，让林徽因在床上躺得更舒服些。

其实，梁思成在清华的工作也忙得很，他从美国带回来了新的建筑理念，并一心想把这些理念注入到教学计划中。在和美国同行的交往中，梁思成敏锐地意识到，二战后以美国为首的西方建筑学界在建筑理论方面发生了重大变化，建筑范畴已经从过去单栋房子扩大到人类整个的“体形环境”。所谓“体形环境”，就是有体有形的环境，小到一杯一碟，大到整个城市，以至于一个地区内的若干城市间的联系，为人类的生活和工作建立文化、政治、工商业等各方面合理适当的舞台都是体形环境计划的对象。基于这一认识，梁思成改革了清华大学建筑系，改建筑系为营建学系，营建学系之下，设建筑学、市乡计划学、造园学、工业艺术学和建筑工程学。由此可见梁思成在培养建筑人才上的勃勃雄心。

1948年3月25日到28日，中央研究院在南京举行了第一届院士选举，从1947年5月开始筹备，各院校提出名单，到1948年3月28日，终于选出了81名院士。梁思成、梁思永两兄弟双双当选。

2. 换一片天地

林徽因的身体缓慢地恢复着，一天天有了起色。她能在房间里活动了，开始整理抗战时期写就的一些诗作。金岳霖鼓励她把这些诗作送出去发表，他对别的朋友谈及林徽因时说："她倒用不着被取悦，但必须老是忙着。"

梁思成对林徽因做这些事情则是既担心又高兴。他在给费慰梅的信中写道："她的精神活动也和体力一起恢复了，我作为护士可不欢迎这一点。她忽然间诗兴大发，最近她还从旧稿堆里翻出几首以前的诗来，寄到各家杂志和报纸的文艺副刊去。"

林徽因这些诗发表在1948年杨振声主编的《经世日报·文艺周刊》和朱光潜主编的《文学杂志》上。它们是：《昆明即景》《六点钟在下午》《年轻的歌》《病中杂诗九首》。

新学期开始了，梁思成除了负责系里工作，还要讲授中国建筑史和世界建筑史，另外还有每周两次的评图课，忙得不可开交。这时金岳霖会帮助他照看林徽因。金岳霖为林徽因带来了各种书刊，主要是新近出版的英文书刊。他会挑选有关部分读给林徽因听，其中有哲学、美学、城市规划、建筑理论的作品，还有英文版的恩格斯著作。与其说照看，不如说是陪伴。听到某个感兴趣的段落，林徽因会打断金岳霖的诵读，就书刊中的观点和他讨论起来。

有时候张奚若、陈岱孙还有建筑系的一些朋友也会陆续来到。多年来，他们只要在一起，都保持着喝下午茶的习惯，而梁家是他们的茶会中心。

林徽因在给费慰梅的信中说道："有时候，我坐在那儿，假装慵懒地聊天，实际上我是在偷偷地倒气，别人的话我一个字也听不清，每当有伴儿的时候，我非常尽兴，但事后总是会非常疲惫，痛苦不堪，但是如果我让别人知道事后会是这个情形，恐怕再也不会有谁愿意走到我的身边，走进我的生命。"

一天，林徽因收到了一封来自福建的信，信中说老家一位叫林洙的姑娘想进入清华大学先修班学习，请林徽因帮助她。

当林洙站在梁家门前时，心情既兴奋又忐忑不安。她一生都清晰地记得第一次迈进梁家的印象和感受：

我来到清华的教师住宅区新林院 8 号梁家的门口，在院门口看见那儿竖着一个木牌子，上面写着"这里住着一个重病人，她需要休息，安静，希望小朋友们不要在此玩耍嬉闹"。我一下子怔住了，不知道是该进去，还是后退，终于我定下心来，走上前去，轻轻地叩了几下门。

她后来这样描述林徽因：

我定睛看着她。天哪！我再也没有见过比她更瘦的人了……她那双深深陷入眼窝中的双眼，放射着奇异的光彩，一下子就能把对方抓住……我承认一个人瘦到她那样很难说是美人，但是即使到现在我仍然认为，她是我一生中见到的最美、最有风度的女子。她的一举一动、一言一语都充满了美感、充满了生命、充满了热情。她是语言艺术的大师，我不能想象她那瘦小的身躯怎么能迸发出那么强的光和热，她的眼睛里又怎么同时蕴藏着智慧、诙谐、调皮、关心、机智和热情。

接下来的时间里，林徽因了解到林洙在住宿上有困难时，立即答应帮她解决。她还向林洙介绍清华的情况和北京的名胜。林洙在清华选修了一些课程，她听梁思成讲授中国建筑史和西方建筑史，每周二、周五下午到梁家上课，林徽因亲自辅导她的英语。林徽因绝不会想到，在她去世几年后，这个小姑娘会成为这个家的女主人。林洙自然也不会想到，她有一天会成为梁思成的妻子。命运就是这般玄妙而不可解。

清华园里的生活一如既往，巨大的社会变革却正在逼近。国民党在军事上节节溃败，开始做南撤的准备。教育部派人到北大、清华传达政府关于学校南迁的意见。

梁思成、林徽因和他们的朋友张奚若、钱端升、金岳霖、陶孟和、陈岱孙、周培源等这些当年“太太的客厅”的固定成员早已决定，哪里也不去，就留在北平、留在学校里，静观其变。他们对国民党的统治由不满到绝望，再也不愿意相信这个政府的承诺。他们认为，新政权同样需要懂技术、有专业的人。用梁思成的话说："共产党也要盖房子。"

这一年，费正清在美国出版了他的第一部著作——《美国与中国》。这本书被称为"最好的单卷本中国史"，经多次再版，成为西方最畅销的关于"中国问题"的著作。

费正清给梁林二人寄来了赠书。一段时间里，这本书成了梁家茶会的中心话题。书中谈论了中国的政治制度和对中国未来的预测。

林徽因就费正清的书专门写了一封信，这是林徽因写给费正清和费慰梅的最后一封信。以后不久，中国大陆与美国就中断了任何往来。林徽因在信中说：

谢谢你们寄来的书，尤其是最后那本，费正清自己的杰作，多好的书啊！我们当然欣赏、钦佩、惊奇和进行了许多讨论，大家都对这本书有非常非常深的印象。有时我们互相以热情赞美的话说，费正清显然是把握了我们华夏臣民的复杂心态，或知道我们对事物的不同感觉，所以，这不是那种洋鬼子的玩意儿……张奚若热情地说，他喜欢费正清的书，"没有一处是外人的误解……他懂得的真不少"等等。老金说这是对我们的一个"合理而科学的"总结，费正清"对有些事情有着基本的理解，他和别的外国人真是不一样"。而我和思成非常惊讶，它真的全然没有外国人那种善意的误解、一厢情愿的期望或失望。我尤其欣赏费正清能够在谈到西方事物时使用西方词汇，谈中国事物用中国词汇，而同一个西方语言却既能让美国读者以自己的语汇来读关于中国的事，又能让中国读者用另一种语汇来读关于自己国家的事。我们对这一点都特别欣赏。

……

我唯一的遗憾，如果说有的话，是在这本总结性的著作中没有涉及中国艺术，尽管我也看不出艺术与国际关系何干。即便如此，艺术是我们生活中那样重要的一部分。如果要一般地谈论我们的话，艺术也是不可少的，那是我们潜意识中的一个组成部分……

……

也许我们将很久不能见面——我们这里事情将发生很大变化，虽然我们还不知道是什么样的变化，是明年还是下个月。但只要年轻一代有有意义的事可做，过得好、有工作，其他也就无所谓了。

林徽因信中所说的“变化”，很快就到来了。

1948 年 12 月，北平城战云笼罩。

国民党政府拟就了北京各大学欲“抢救”的教授名单，作为中央研究院的院士，梁思成也在被“抢救”之列。接他们的飞机停在南苑机场，胡适夫妇走了，李济走了，梅贻琦走了，但梁思成、林徽因留了下来，更多的人留了下来。

12 月 13 日，解放军进军至颐和园和圆明园之间的平川地带，遇到国民党军队的猛烈炮击。在得知前方即圆明园、清华大学后，解放军立即停止炮击，并遵从上级指示，火速避开这条路线，从万寿山以西打开通路。15 日，清华园获得解放。

18日，清华大学的大门口贴出了中国人民解放军十三兵团政治部的告示，称中国人民解放军将保护人民生命财产不受损失，保护学校、寺院文物古迹不遭破坏。

一天，张奚若领着两位身穿灰色军装、头戴皮帽子的军人来到了梁家。他们向梁思成、林徽因行标准的军礼，自我介绍说：“梁教授，我们受解放军攻城部队的委托，来向先生请教，城里哪些文物建筑需要保护。请你在这张地图上标示出来，以便我军攻城的炮火能够避开。”

梁思成和林徽因激动了，他们顾不上多说什么，在两位军人带来的那张军事地图上一一标出北平重要的文物古迹和建筑群落，他们太熟悉那一切，那是他们珍爱如生命的文化遗存，如果能保护下来，对他们是莫大的安慰。

临走时，一位军人对他们说：“请你们放心，只要能保护文化古迹，我们就是流血牺牲也在所不惜！”当时梁思成想起《孟子》中的一句话：“箪食壶浆，以迎王师。”

这一年，梁思成47岁，林徽因44岁。

3. 心系国徽

1949年，梁再冰决定离开北京大学，参加解放军四野南下工作团，林徽因得知后一直哭着劝阻女儿：“你又不懂共产党、马列主义，你又没有共产党的信念，你去干什么？”但梁再冰当时对解放军产生了强烈的好奇心，她认为，要想了解解放军，只有亲自去加入，林徽因和梁思成见劝说不住女儿，只好退而求其次，让她只参军一年，一年后回来完成学业。

1949 年 3 月，林徽因被清华大学聘为建筑系一级教授。

1949 年 4 月，中国人民解放军的代表又一次来到清华园，听取梁思成的意见。梁思成迅速组织人员，在最短的时间内，编写出了《全国重要文物建筑简目》。

在这本厚厚的手册中，梁思成在故宫、敦煌、云冈、龙门、孔庙等古建筑的条目下加注了四个圈，大家戏称之为“四星将”，其次是三个圈的、两个圈的、一个圈的。全册总共四百五十多条，重点加圈的近二百条。每个条目下都附有该文物建筑所在的详细地点、文物性质、建造和重修年代以及意义和价值。

林徽因对全册的条目一一审核，并在扉页的说明中特别提示：“本简目主要目的，在供人民解放军作战及接管保护文物之用。”

“简目”发到了解放全中国的广大指战员手中，和军事地图一起，成为他们的作战必备。

1949 年 7 月，新政协会议筹备会常务委员会在《人民日报》等各大报纸上登载了公开征集国旗、国徽图案以及国歌词谱启事，要求国徽设计符合三点：一、要有中国特征；二、要有政权特征；三、形式要庄严富丽。但由于征集到的国徽图案大多都花花绿绿的，不够庄严富丽，最后无一入选，都被否定了。

9 月，第一届中国人民政治协商会议的大会主席团决定，国徽图案不再组织面向社会各界的征集活动，而是邀请专家另行设计，并组成专家小组：由梁思成、林徽因领导的清华大学营建系设计小组和由张仃领导的中央美术学院设计小组。其中，清华大学营建系国徽设计小组的主要成员包括梁思成、林徽因、莫宗江、朱畅中、罗哲文、高庄等人。林徽因将这次设计国徽视为莫大的荣誉和肯定，投入了极大的热情。她和梁思成都不愿意模仿苏联或东欧风格的国徽，坚持要使国徽拥有最鲜明的民族特征，体现我们中国悠久的文化传统。

林徽因找来一些国家的国徽，指点给设计小组的其他成员看："你们看奥地利的国徽，中心部分是一只雄鹰，雄鹰舒展的双翅象征着要将国家的安全置于其羽翼之下。雄鹰头顶的三垛壁形金冠与双爪上的镰刀、锤子分别代表国民中的中产阶级、农民和工人。鹰爪上挣断的锁链，是纪念奥地利摆脱纳粹德国的统治，获得自由，雄鹰的胸部还增添了奥地利国旗的盾形图案。你们再看澳大利亚的国徽，左边是一只袋鼠，右边是一只鸸鹋，反映了本国的自然资源、独特物产。尼泊尔是高山之国，因此他们的国徽图案是一片崇山峻岭……"这些国家的国徽都无一例外地展现了本国特色。

林徽因一边给小组成员讲解设计国徽的基本思路，一边在心里有了初步设想，她找了一些古代的铜镜、玉环、玉璧等图案作为参考资料，画了第一个草图。草图中，以中国古代最隆重的礼器——玉璧作为国徽的基本图案，璧上浅雕卷草华纹，与此同时，将国旗上的五颗金星吸收进国徽图案，国徽图案底部金色齿轮代表工，旁边金色嘉禾代表农，红绶穿绾成结。

但这个方案提出后，很快遭到了否定。林徽因太过强调艺术上的美感，在国家权力、政治属性层面的展现力不够，此后，长达几个月，国徽的设计迟迟不能定案。中央美术学院设计小组提出将天安门加入国徽当中，同时他们吸收了林徽因设计的灵感，保留了五星、齿轮、嘉禾、红绶带，然而他们的方案也没有通过。

转眼到了1950年，梁思成和国徽评选小组的人几经讨论，最后评选小组提出了在国徽图案中要有天安门图像的意见。林徽因立刻派朱畅中去画天安门的透视图。那时清华大学营建系拥有独一无二的一份天安门实测图，那是根据20世纪30年代林徽因等人供职中国营造学社时期对天安门进行的当时全国唯一一次实测得出的，有百分之一比例和二百分之一比例的天安门立面、平面、剖面图，能满足国徽设计图案精确、合于比例的需要。这自然是极大的优势。

林徽因特别关照朱畅中说："在国徽图案中采用天安门立面图，要使比例尺寸严格正确，同时在视觉上可以让人感到天安门广场的广阔深远。"她还建议，把两个华表向左右方向拉开距离，这样有整体上的开阔感，构图也比较稳定。

林徽因最先设计的是一个充满整个国徽的大天安门造型，后来看到高庄的小天安门造型，立刻欣喜地认定，小天安门的创意好，小天安门的画面从视觉上反而显得空间更辽远。在吸收了高庄的创意后，她开始新一轮的修改。

无数张图纸，带着无数的争论，国徽的设计思路越来越明朗了。林徽因始终主张国徽应该放弃多色彩的图案结构，采用中国人民千百年来传统喜爱的金红两色，这是中国自古以来象征吉庆的颜色。“国徽要象征化、图案化、程式化；要有民族特色。图案要能够雕塑，做证章、做钢印和其他印章，便于印刷不走样。”就这样，金红两色确定下来。

清华大学营建系国徽小组的设计室房间内灯火通明，大家彻夜赶工、讨论不停。很多时候，林徽因卧病在床，不便出行，大家便都拿着设计稿到梁家去，林徽因和设计小组的成员围着一张桌子，一个细节一个细节地讨论。满桌子满墙壁都是他们画出来的国徽草图。

其间，原本加入解放军南下工作的梁再冰调回北京，一进门时大为诧异，往日整洁有序的家，现在像个大作坊，到处都是资料和图纸，墙上贴着，桌上甚至地上都堆放着，几乎无法行走。更使她惊讶的是，往日虚弱无力的母亲，此时正眯着眼睛盯着画稿，做着细节方面的比较。她回忆说：“我就想，这下子回到北京，我妈看到我应该是非常高兴，非常愉快，一定是热烈欢迎吧。但是我回到家看见他们，她正在那全神贯注设计国徽的图案。当时我进门的时候，我觉得就好像我刚上街买了一棵白菜，或者买点什么，或者买了一块豆腐回到家那样，非常平常，一点也没有热烈欢迎的意思。”

清华小组先后做了二三十个正式完成的国徽图案，陆续送政协国徽评选小组和中央领导同志审阅。6 月，一枚确定的国徽图案终于诞生了。确定评选方案的那天，梁思成和林徽因都病倒了，于是让兼任秘书工作的朱畅中去参加评选会议。

1950 年 6 月 20 日，评选会议在中南海怀仁堂举行。会议厅的中间墙上挂着两个国徽图案。左边的是清华方案，图案外圈环以稻麦穗，下端用红绶带绾接在齿轮上，国徽中央部分和下方是金色浮雕的天安门立面图，上方绘有金色浮雕的五星，衬在红色的底子上，如同天空中飘展的五星红旗。整个图案左右对称，庄严肃穆。右边挂的是中央美院的方案，天安门的图像是一幅彩色的风景画，天安门形象一头大、一头小、一头高、一头低，有强烈的透视感，华表只画一个，立在一侧，碧蓝的天空，金色的琉璃瓦，红柱红墙，铺地的大石块依稀可见，石缝里还画着青草。

会场中间排列着三四排沙发椅，参加评议的委员们在两个国徽之间穿梭着，热烈地争论着。朱畅中忐忑不安，紧张不已。

正在这时，周恩来总理来了。周总理和大家亲切地打过招呼之后，走到两个图案前，仔细地审视着。过了一会儿，他让大家发表意见。

田汉说："我认为中央美院的方案好，透视感强，色彩比较明朗。"

张奚若站起来说："我认为清华大学的方案好，有民族特色，既富丽，又大方，布局严谨，构图庄重。"

周总理注意到了中间靠右边沙发上的李四光，他走到李四光座位旁边问："李先生，你看怎样？"

李四光沉思片刻，右手指着清华大学的方案说："我看这个有气魄，有中国特色。"

周总理再次走到两个图案前，看了一会儿，转过身去，再次让大家发表意见，多数委员都赞成清华大学的方案。

周总理说："那么好吧，我也投清华一票。"

朱畅中的一颗心像要跳出胸膛，激动得无与伦比，他真想飞跑出去给梁思成和林徽因打电话，让他们立马知道这个好消息。

周总理说："清华的梁先生来了没有?"

张奚若回答："梁先生和林夫人都病倒了，清华小组的秘书来了。"又叫道，"小朱到前头来。"

周总理把朱畅中叫到他们的图案前指点着问："这是什么?"

朱畅中回答："这是稻穗。"

"能不能向上挺拔一些?"周总理比画着。朱畅中回答："能，可以改进。"

第二天，朱畅中奔赴梁家，向梁思成和林徽因以及设计小组其他成员报告喜讯，并传达了周总理要求稻穗挺拔一些的指示。林徽因和梁思成立即组织国徽小组讨论改进稻穗细部的处理方案，大家群情激奋，各抒己见，又重新画了一幅国徽图案。

在图纸上首，林徽因用红纸剪了"国徽"两个字，图的下方请营建系同学黄报青用毛笔誊写了由林徽因、梁思成共同起草的"国徽图案说明"：

图案内以国旗上的金色五星和天安门为主要内容。五星象征中国共产党的领导与全国人民的大团结；天安门象征新民主主义革命的发源地，与在此宣告诞生的新中国。以革命的红色作为天空，象征无数先烈的流血牺牲。底下正中为一个完整的齿轮，两旁饰以稻麦，象征以工人阶级为领导，工农联盟为基础的人民民主专政。以通过齿轮中心的大红丝结象征全国人民空前巩固，团结在中国工人阶级的周围……在处理方法上，强调五星与天安门在比例上的关系，是因为这样可以给人强烈的新中国的印象，收到全面含义的效果。为了同一原因，用纯金色浮雕的手法处理天安门，省略了烦琐的细节与色彩，使天安门象征化，而更适合于国徽的体裁。红色描金，是中国民族形式的表现手法，兼有华丽与庄严的效果，采用作为国徽的色彩，是为中国劳动人民所爱好，并能代表中国艺术精神的。

修改后的国徽图案被立即送往中南海。1950 年 6 月 23 日，全国政协一届二次会议召开，林徽因被特邀参加了这次会议。会上，在毛主席提议下，全体代表起立，以鼓掌的方式通过了由梁思成、林徽因主持设计的国徽图案。当掌声在大厅里回荡的时候，林徽因激动得热泪盈眶。

政协会议之后，林徽因和梁思成以及设计组人员又对国徽细部做了一些技术上的修改，由高庄把平面国徽雕塑成立体模型。

1950 年 9 月 20 日，中央人民政府主席毛泽东，发出了公布国徽图案的命令：

中国人民政治协商会议第一届全国委员会第二次会议所提出的中华人民共和国国徽图案及对该图案的说明，业经中央人民政府委员会第八次会议通过，特公布之。

此令

主席毛泽东

1950 年 9 月 20 日

这一年，林徽因被任命为北京市都市计划委员会委员兼工程师。

中华人民共和国的第二个国庆日，久病虚弱的林徽因由梁思成、莫宗江陪同来到天安门金水桥头，仰望着天安门城楼上悬挂的国徽，只见它在阳光下熠熠生辉，无形中像是带有一种凛然不可侵犯的力量。林徽因激动不已，不仅仅因为这份设计国徽的荣耀，还因为她的才华得到了国家的承认。这一次，她不需要梁思成再在书中特别强调她的贡献，她明明白白就是国徽的设计者之一。她的名字将永远留在史册上。

第十章　萧萧暮雨人归去

归根说，我们活在这世上到底最珍惜一些什么？果真珍惜万物之灵的人的活动所产生的种种，所谓人类文化？这人类文化到底又靠一些什么？我们怀疑或许就是人身上那一撮精神同机体的感觉，生理心理所共起的情感，所激发出的一串行为，所聚敛的一点智慧——那么一点点人之所以为人的表现。

宇宙万物客观的本无所可珍惜，反映在人性上的山川草木禽兽才开始有了秀丽，有了气质，有了灵犀。

——林徽因《一片阳光》

1. 鞠躬尽瘁

林徽因在忙着设计国徽的同时，还同时忙着另一件事，那就是推动景泰蓝的设计改革工作。

早在 1949 年 8 月，北京市政府召开了复兴工艺美术座谈会，林徽因与梁思成、徐悲鸿、沈从文等人参加了会议。1950 年，北京市政府成立北京特艺进出口公司。北京工业局局长指令该公司聘请林徽因和梁思成做顾问，指导工艺美术创新设计，培训现代风格的创新小组。

林徽因从小就钟爱手工艺术，外出考察时，遇到精美的民间手工艺品就爱不释手，即使交通不便，隔着千百里，能带回来的也都尽量带回来。但要复兴北京的工艺美术，可并不是那么简单的工作。尤其是北京的特种工艺种类众多，全部加以研究改造一点也不现实，林徽因经过调查研究，和梁思成商量后，最终选定将工艺最复杂、技艺最独特的景泰蓝先作为改造复兴的对象。为此，她和梁思成还在清华大学营建系成立了一个工艺美术小组。这是梁思成构想的“营建学系”的一部分，除了工艺美术组，营建系还陆续成立了建筑组、市镇规划组、造园组，可以说，基本实现了梁思成访美回来所设想的蓝图。

美术小组的成员除了营造学社多年的伙伴莫宗江外，还有两个年轻的女学生：常沙娜和钱美华。常沙娜自幼随父常书鸿在敦煌临摹壁画，1948 年赴美留学，1950 年归国，林徽因看中她临摹壁画的功底；钱美华是林徽因的学生，去清华之前，也曾在中央工艺美院学习过。

通过一段时间的调查，林徽因及其小组成员了解到，以前连年战乱，像景泰蓝这类东西无人顾及；新中国成立后，这些被视为生产奢侈品的作坊也得不到扶持，只是顾虑到作坊工人的失业问题才勉强让它们存活下来。景泰蓝的制作工艺复杂，生产成本高，图案单调，产品质量不稳定，这些作坊处于倒闭的边缘。

林徽因和小组成员们一起到作坊里去了解景泰蓝的生产工艺，观看工人的操作过程，掐丝、点蓝、烧蓝……随着一道道工序的推进，毫不起眼的坯胎变成了绚丽的艺术品。

林徽因端详着那些制成品，不满足的情绪涌上心头。景泰蓝长时期仅有那几种图案，不外乎牡丹、荷花、如意……这些带有浓郁宫廷色彩的富贵吉祥的图案虽说也挺好看，可几百年来缺少变化也未免过于单调。

她想从根本上解决景泰蓝制作的难题，使景泰蓝的设计既现代化，又有民族特色。要做到这一点并不容易，林徽因开始对零散存在于故纸堆中的历代图案进行系统的整理、研究，打算借此整理出一本《中国历代图案集》，她要把中国五千年流传下来的图案中最具美感、最有艺术价值的挑选出来，制成一个图库，供所有从事艺术创作的人选用。她的构想宏大而深远，当然，真正收集资料、画图绘制的工作都交给莫宗江和其他小组成员来完成，林徽因已经连走动都困难了。

经过一段时间，林徽因和美术小组的人一起设计绘制了一批新的图案，他们把这些新图案拿到作坊中去，林徽因就守在作坊里看着工人师傅们操作。她以巨大的热情投入到景泰蓝的图样设计中去，但实际上，碍于种种原因，她的设计被采纳的并不多。

1951 年，光明日报发表了林徽因写的《景泰蓝新图样设计工作一年总结》。文章中写道：

> 所谓民族的就是要表现出我们民族风格的伟大的丰富的内容。旧日景泰蓝中有模仿日本七宝烧的。例如装饰杂花的萝葡瓶，花纹胎形和色彩都是日本作风。这是我们坚决反对的。我们还反对，例如象牙雕刻中的半裸体美人，或林黛玉式的病美人，那是低级的庸俗的。我们还反对一向因袭保守满清末年西太后时代的繁琐杂乱，病弱无力的古怪作风。因为那不是我们民族传统中好的一部分，那不是我们的优良传统。我们要求承继优良的传统，而且不只是承继，我们还要求发展出新的民族工艺。它们必须是民族的，而更重要的是它们必须是今天的。

1952 年的夏天，亚太地区和平会议在北京召开，在会议召开之前，会议筹备组决定，要给每位代表送上一份既有鲜明的中国特色又精致典雅的礼物。根据不同国家、不同性别代表的习惯爱好，决定制作四类礼品：第一类是丝织品，真丝彩印头巾和刺绣的女子坎肩；第二类是手工艺品，如景泰蓝、镶嵌漆器、“花丝”银饰物及象牙雕刻、挑花手绢等；第三类是精印的画册，包括年画集、民间剪纸窗花、敦煌壁画的画册；第四类是文学名著，主要是中国作家中获得“斯大林文学奖”的作品。

筹备组将第一、二类礼物的设计和准备工作交给林徽因负责。此时的林徽因已经病得很重了，她的双肺已被结核球菌深度吞噬，每天吃得很少，夜里全靠安眠药才能睡四五个小时。然而她仍然带着她的工艺美术小组设计出了具有敦煌艺术风格的头巾和带有飞天图案的景泰蓝作品。

苏联著名芭蕾舞演员乌兰诺娃得到了飞天图案的景泰蓝，这位“天鹅公主”喜欢极了：“这是代表新中国的新礼物，真是太美了！”

林徽因的两位女学生，后来都在中国的工艺美术领域卓有成就。常沙娜后来是北京工艺美术学院院长，钱美华后来成为景泰蓝设计专家、北京珐琅厂总设计师。

而工艺美术小组后来因为人员工作调动很快解散了。据钱美华回忆，她去探望病重的林徽因时，林徽因曾再三叮嘱她，景泰蓝是国宝，不要让它失传。于是钱美华余生都在与景泰蓝打交道，她设计的景泰蓝被誉为“钱氏景泰蓝”，只是2010年，钱美华去世之后，景泰蓝的生产和设计依然面临缺乏人才的问题，哪怕到今天，这个问题依然没有得到足够的重视和解决。当然这都是后话了。

1952年4月29日，人民英雄纪念碑兴建委员会成立，北京市市长彭真担任主任，郑振铎和梁思成担任副主任，梁思成担任建筑设计组组长，林徽因作为雕饰学专家也受邀成为纪念碑兴建委员会成员。

在纪念碑兴建委员会成立之前，曾有人提议纪念碑的设计要搞成巨型人物雕像，当时梁思成和林徽因坚决反对，他们担心“天安门前建筑群的和谐，会被某种从苏联老大哥那里抄得的青铜骑士之类的雕像破坏掉”，而且人物雕像这种形式并不能体现我们的民族特色，两人坚持用中国传统的碑的造型为设计的主导思想，以碑为主，而把群像做成浮雕围绕碑座。其实，当时不少人反对他们这种设计理念，但最终梁思成的方案在周恩来总理的支持下得以通过。

虽然林徽因当时病重，可她参与的工作并不少。1953 年 2 月，梁思成作为中国科学院代表团成员访问苏联后，她就成了整个设计组的实际领导者。

这时候，林徽因的身体状况再也不允许她承担很多具体的设计工作了，她就协调设计小组成员之间的分工合作关系，有时和他们在一起讨论一些技术性的问题，如云纹装饰的草图、碑顶部的结构等，所有这些讨论，都在梁家客厅里进行。

除了对纪念碑的整体设计把关，林徽因还承担了纪念碑须弥座浮雕设计的任务，她无力根据自己的构思画图，因此便借调了刚从清华大学毕业的关肇邺为助手。

关肇邺回忆：“林先生完全靠记忆列出了一个书目，令我去图书馆借来，有不少是古碑的拓片，从中指出几个不同时代的碑边图案，她随即讲解分析了不同时代的风格特征，看完大致体会了，就令我按照纪念碑两层须弥座各个部位的形状尺寸，依选中的题材绘成适合的图案，并演变出二三种风格来加以比较并教我如何改进提高。”每绘一个图样，都要逐级放大，从小比例尺全图直到大样，保证图案不变形。

林徽因在起居室兼书房里安放了两张绘图桌，与她的病室只有一门之隔。

在设计风格上，林徽因认真比较了各个朝代的风格，认为秦汉雕塑以阳刚之美为主，唐代雕塑则刚柔并济，浑厚中有灵巧，粗犷中有妩媚，她主张以唐代风格为依托，搜集各方资料，跟关肇邺逐一分析，仔细斟酌，评论优劣。

关肇邺回忆说，他当时画一个线条，总是画得特别软，林徽因评价说，这样的线条太软，是乾隆趣味，“这不能代表咱们的英雄”，她建议关肇邺还是从盛唐时期的图案里找灵感。

设计底座上的一系列花圈时，林徽因更是耗费了一番心思，为了这个设计，林徽因对她能找得到的资料上的各种花草图案都做了研究、比照，描画过几百上千次，最后选定了以橄榄枝为主体的花环设计。在选用装饰花环的花卉品种上，最初打算选用英雄花——木棉花，经咨询花卉专家，得知木棉树并非中国原产，随后放弃这一构想。在上千种花卉中，她最后选定了牡丹、荷花和菊花，象征高贵、纯洁和坚韧。

须弥座正面设计为一主两从三个花环，侧面为一只花环。同基座的八幅浮雕相互照应，运用中国传统的纪念性符号，传达出对英雄的歌颂和纪念。

林徽因为了纪念碑耗尽了心血，但她没有等到纪念碑设计完全定稿，就已经支持不住了。1958 年，纪念碑落成时，她已离世三年了。

2. 北京的城与墙

梁从诫在《倏忽人间四月天——回忆我的母亲林徽因》中说，“母亲有过强烈的解放感。因为新社会确实解放了她，给了她一个前所未有的、新的、崇高的社会地位。在旧时代，她虽然也在大学教过书，写过诗，发表过学术文章，也颇有一点名气，但始终只不过是‘梁思成太太’，而没有完全独立的社会身份。现在她被正式聘任为清华大学系的一级教授、北京市都市计划委员会委员、人民英雄纪念碑建筑委员会委员，她还当选为北京市第一届人民代表大会代表、全国文代会代表……她真正是以林徽因自己的身份来担任社会职务，来为人民服务了。这不能不使她对新的政权、新的社会产生感激之情。‘士为知己者用’，她当然要鞠躬尽瘁。”

梁思成也一样，他原本只是清华大学建筑系主任，突然被任命为北京都市计划委员会的副主任，成为整个北京城的都市规划负责人之一。这让他有一种被信任和被高度肯定的感觉，也让他心中原本就有的建筑构想有了实现的可能。

其实，早在1947年，梁思成从美国留学回来之后，他对北平就有过初步的构想，但这种构想只是出于对这座古都的热爱和对美国当时新的建筑理念的吸收、认同所作的思考。

1949年，梁思成作为都市计划委员会的副主任，频频参加各种关于北京市如何发展、如何规划的会议，和多位建筑学家和政府官员进行过多次热烈讨论，他在讨论中阐发观点，也逐步完善心中的构想。他和当时很多建筑学家在大方向上达成了一致，那就是把北京建设成风景优美、宁静和谐的政治文化中心。然而随着苏联专家的到来，他们提出把北京建成大工业城市的建议得到政府的认可之后，梁思成的想法就遭到了否定。

但梁思成并没有放弃，1950 年，他和南京建筑学家陈占祥一起共同拟定了《关于中央人民政府行政中心区位置的建议》，后来被称为“梁陈方案”。“梁陈方案”的核心，是建议将中央行政中心设在月坛以西、公主坟以东的位置，从而完整保留北京旧城的古建筑。

他们的基本观点是：北京是一座有着八百多年历史，而近五百年来其原貌基本保存完好的文化古城，这在全世界也是绝无仅有的。而它又是一座“活的”城市，现代人仍然生活在其中，仍在使用和发展着它。如果把大量现代高层建筑硬塞进这古城的框框，勉强使它适应现代首都的需要，结果一定是两败俱伤——现代需要既不能充分满足，古城也将面目全非，弄得不伦不类。所以他们才建议在旧城之外，建立新的行政中心。梁思成再三陈述，把北京建成一个大工业城市，是不可取的，因为那必将导致环境污染、交通堵塞、人口剧增和住房短缺等问题的产生。

但是“梁陈方案”被彻底否决了。梁思成不得不退而求其次，希望尽量减少对北京旧城整体布局和文物古建筑的损坏。然而这一点也难以实现。如果按照苏联专家的建议，把北京建设成一个大工业城市，一番大拆大建是免不了的。

最先拆除的是天安门前的“三座门”，即长安街上建于明代的长安左门和长安右门。它们和天安门城楼、中华门组成了一个T字形广场，因为每座城楼都有三个门洞，因此又称“三座门”。当梁思成和林徽因听到要拆“三座门”的消息时，大吃一惊。他们两人最懂“三座门”的建筑意义和美学价值。

梁思成曾在文章里写过：“从正阳门楼到中华门，由中华门到天安门，一起一伏，一伏又一起，这中间千步廊御路的长度，和天安门面前的宽度，是最大胆的空间处理……”可在当时，没人顾得上欣赏这古建筑的美感，他与林徽因在当时开展生产建设的热潮中执着于建筑的艺术美感，显得那么的格格不入。

1952年，林徽因在讨论是否拆除“三座门”的各界人民代表大会上直率地说道：“如果说北京从明代遗留下的城墙妨碍交通，多开几个城门不就解决了？”一句话直中要害，当时不少与会代表就站在了林徽因这一边。但仍未能阻止拆除的决定，一夜之间，“三座门”就被夷为平地。

拆城楼的同时，北京的牌楼也在拆除。时任北京市副市长的吴晗担起了解释拆除工作的任务。为了挽救四朝古都仅存的一些完整牌楼街不致毁于一旦，梁思成与吴晗发生了激烈的争论。传闻有一次，吴晗站起来对着梁思成说：“您是老保守，将来北京城到处建起高楼大厦，您这些牌坊、宫门在高楼包围下岂不都成了鸡笼、鸟舍，有什么文物鉴赏价值可言！”

梁思成被气得当场失声痛哭。

很多人坚持拆城墙城楼的最大理由是城墙城楼妨碍交通，容易发生交通事故，拆了这些古建筑，才可以建造四通八达的交通网。梁思成建议，修路也可以绕行一下，不必走直路。当时的上级领导极为不解，哪有修路不修直路而修弯路的。梁思成辩解，修弯路，能提醒车辆减低车速，现代城市要限制车的速度，而不是提高。有人上纲上线批判梁思成，说梁思成要限制社会主义建设速度……梁思成争取保留古建筑的种种阐述，让他渐渐陷入了政治风波。

1954年1月，历代帝王庙景德坊被拆除。此后两年多时间内，东交民巷和西交民巷牌楼、长安街牌楼、大井砖牌楼、东四牌楼、西四牌楼、大高玄殿牌楼、正阳桥牌楼、金鳌玉蝀牌楼先后被拆除。

曾经的营造学社成员罗哲文回忆说："拆历代帝王庙的牌楼，梁思成先生哭了好几天……"

但更令他难过的是事情还在继续。北京的外城城墙也在被陆续拆除。他与林徽因原本有一个绝妙的构想，让城墙承担北京城的区间隔离屏障，同时变外城城墙和城门楼为人民公园，顶部平均宽度约10米以上的城墙可砌花池，栽种花木；双层的门楼和角楼可辟为陈列馆、阅览室、茶点铺，供市民休息娱乐、游戏纳凉。

林徽因甚至为自己的设计画了草图，幻想着全世界独一无二的"空中花园"是如何的美妙绝伦。然而，城墙公园构想注定只能是一个空中楼阁，纸上梦想。

后来在梁从诫的《倏忽人间四月天——回忆我的母亲林徽因》中有这样的描述：

五百年古城墙，包括那被多少诗人画家看作北京象征的角楼和城门，全被判了极刑。母亲几乎急疯了。她到处大声疾呼、苦苦哀求，甚至到了声泪俱下的程度。……然而，据理的争辩也罢，激烈的抗议也罢，苦苦的哀求也罢，统统无济于事。

所有保护北京的建筑、历史和文化遗产的努力，因为与新时代的城市规划大相径庭，一条完整的明清城墙转瞬之间即化为废墟，大部分城砖被用作修房子、铺道路、砌厕所、建防空洞。这对于林徽因来说无疑是一场噩梦。一次出席文化部酒宴，正好碰上也是清华大学出身的北京市副市长吴晗，她在大庭广众之下谴责他保城墙不力。她痛心疾首地预言："等你们有朝一日认识到文物的价值，却只能悔之晚矣，造假古董罢了。"历史验证了她沉痛的预言。四十年后，大约是1996年的岁末，北京市开始修缮一小部分破损的明清城墙，整个北京城掀起了一场捐献旧城砖的活动，然而这番情境林徽因已经看不到了。五百年来从改朝换代的兵灾中得以完整幸存的北京古城墙，却在和平建设中被彻底拆除了。

其实，纵观那一段历史，也许，这就是我们落后过所付出的代价吧。当我们走过一段苦难，以为一切都好转的时候，我们过去贫穷落后没有跟上世界脚步的那一段历史，并没有立刻退到角落，变成我们历史课本的文字，它依旧是立体的，依旧是飞扬跋扈的，依旧在明里暗里地让我们整个民族付出代价。

在古建筑被拆除期间，普通百姓对拆除城墙并没有强烈的反对意见，他们并没有认为这些古建筑是艺术品。所以尽管梁思成和林徽因一次次呼吁，一次次申辩，一次次力陈古建筑的价值，都无济于事，他们两个的文物保护意识，在当时太超前了。

梁思成曾痛呼："拆掉一座城楼像挖去我的一块肉，剥掉了外城的城砖像剥去我一层皮。"

林徽因的痛苦也不比他少，两夫妻的剥皮挖肉之痛，很多人在几十年之后才认识到或者尝到一点点，然而，一切都为时已晚。

无数次的历史经验告诉人们，当有人站在了时代的前面，当有人走到了大众认知水平的前面，那这人当下的命运注定孤独，不管他多么正确，多么伟大！

十多年以后，梁思成在回顾这场批判时，谈了他的困惑和思考：

> 我第一次看到莫斯科大学建筑系的教学计划和教学大纲时感到十分吃惊，因为它仍旧是沿袭巴黎美院学院派的传统教育体制。但是当时正是学习苏联高潮，认为一切苏联的经验都是先进的，便把它照搬了过来……当时，我深感不解，怎么斯大林提出的民族的形式、社会主义内容的建筑和我（20 世纪）20 年代在宾大所学的那一套完全一样呢……

然而梁思成 1946 年出访美国时已经接触了当时最先进的建筑理念，舍弃先进的理念，再倒回去，这让梁思成难以接受。

3. 翩然归去

1954 年秋冬之际，气温骤降，一连多日阴霾当空，不见阳光。林徽因又一次病倒了，有关纪念碑的花环装饰图案的图纸堆放在她床边的小柜上，她已没有一丝力气再去构思和描画。她整夜艰难地咳喘着，几乎不能有片刻的安睡。她的眼窝深深地陷了下去，脸上没有一丝血色。

从清华进一次城很不容易，每次到北京城内的医院去做检查和治疗时，对她和梁思成都是一次考验。为了林徽因治疗方便，梁思成计划着在城里租房子住。可还没等他安排停当，他就病倒了。

梁思成得病初期是感冒症状，胸闷、咳嗽、发烧，继而高烧不退。两人双双住进了同仁医院。他们的病房紧挨着，虽然从这间病房到那间病房只要两分钟时间，可两人却病得躺在床上不能走动。

1954 年 12 月，又一场运动爆发了，这是一场遍及全国各学术领域“反对胡适派资产阶级唯心论”的运动。

这一时期，每天打开报纸，都可以看到国内著名的专家、学者、作家、教授所写的关于批判胡适思想的文章。他们中的不少人曾是胡适的亲密朋友和得意门生，就连胡适留在内地的小儿子胡思杜也公开发表了与父亲决裂的文章。

身处国内政治环境中的林徽因、梁思成，在这场广泛参与的政治思想批判运动中，罕见地保持着沉默。他们与胡适是多年的朋友，他们看着很多人对胡适言过其实、甚至无中生有的斥骂，心情愈发沉重。此时连呼吸都困难的林徽因再也无力去争辩什么，在当时的氛围下，争辩也没有用，反而会引火烧身，况且她和梁思成已自身难保。

1955 年的春节，林徽因和梁思成是在医院里度过的。

春节期间的医院特别冷清，病人大多回家过年了，长长的病房走廊空荡荡的。但在医院规定的探视时间里，梁再冰和梁从诫会来看望父母。他们从父亲的病房到母亲的病房，给父母讲述着工作上、学校里的种种事情。梁再冰 1953 年结婚，1955 年春节时已经即将生产。林徽因还和女儿商量着，让女儿到自家休产假，还想着张罗婴儿用的衣被。儿女的到来，是林徽因和梁思成最快乐的时候。这快乐足以支撑他们度过一个又一个寒夜。

林徽因、梁思成的一些老朋友和清华建筑系的师生也不时前来探望。他们大多住在学校，进城一趟很不容易，林徽因和梁思成总是劝他们不要再跑了。

春节过后，梁思成的病情稍有好转，医生允许他轻微地活动活动。他每天待医生查了房、护士打完针，就来到林徽因的病房陪伴她。他坐在病床边的一把椅子上，一只手轻轻地握住林徽因的手，像在家里一样，和林徽因小声地聊着。

有时，梁思成会对林徽因讲起他小时候在日本的一些事情，讲起他在清华的事情。他一如既往地幽默，他知道一句话怎么说能让林徽因笑。可他也不敢说太长时间，怕林徽因劳神。说一会儿，他就让林徽因闭目休息，也给他自己平静心情的空间。

他眼看着林徽因一天天地衰竭，气色一天天变差，心里明白，这次他的爱妻再也不会像前几次那样好转过来。死亡，一天天地逼近林徽因。

偏偏就在这时候，全国建筑界开始了对“以梁思成为代表的资产阶级唯美主义的复古主义思想”的批判。

1955 年 2 月，社会上出现了批判梁思成的声音，各种报纸上陆续刊载有关建筑中的浪费现象的文章。浪费的原因千篇一律地指向建筑设计中的“复古主义”和“形式主义”。复古主义和形式主义主要是指解放后全国各地出现的一批模仿中国古代建筑而设计出的“大屋顶”式建筑。梁思成作为《建筑学报》的主编被撤职，学报创刊号上《中国建筑发展的历史阶段》一文被定为“宣扬复古主义的代表作”而受到激烈批判。

这一切，使梁思成震惊，也让他痛苦。他反思自己解放后的所作所为，他虽然强调保护古建筑，但从来没有在建筑设计上刻意复古，反而一直在求创新。作为一个有影响的建筑师，他个人并没有设计过一座大屋顶建筑。可是，这一切去向谁解释呢？

过去，他有什么话都可以和林徽因说，可现在他不愿意给林徽因增加任何心理负担。然而这一切怎么可能瞒过林徽因。她从报纸上接二连三关于建筑施工的批评性报道中，早已洞悉了一切。她当然懂梁思成的痛苦，她跟前来探望她的关肇邺说：“梁先生是一个做学问的人，他的一切都在他的学问里面，如今有人要否定他研究的学问，那他还能剩下什么呢？他什么都没有了。”这么多年，梁林早已经成为一个整体，他们的学生都知道，梁先生不在，林先生就全权代表梁先生。一切对梁思成的批判，又何尝不是对林徽因的批判。

长时间以来，林徽因饱受疾病的折磨，承受了太多来自生命本身的痛苦。可是与生命过程相伴的除了痛苦，还有她看得比生命还重的艺术，无论是建筑艺术还是其他人文艺术，都曾给过她莫大的喜悦和满足，给了她热爱世界、热爱生命的理由。她的所有快乐、欢悦、幸福的体验都与之紧密相连。

如今，当她和梁思成终生尊奉的学术信念和美学原则被批得一钱不值、遭到粗暴否定的时候，甚至连她曾经的朋友也遭受粗暴对待的时候，她病弱的生命之花，再也经不起哪怕一点点风霜。

吴良镛回忆说：“如果没有建筑思想批判，林先生的精神还能维持，她的一切动力是她的信念、她的学术、她的精神。大的方面她也可能知道一些事情，知道一些学术思想批判，她感觉到无能为力了。”

三月的北京，大风裹着尘沙，袭扰着北京的大街小巷，天地间一片昏黄。林徽因一连数日处于半昏迷状态。她艰难地呼吸着，气若游丝。医护人员脚步匆匆，进进出出，用尽了所有的办法进行抢救。

一个星期过去了，林徽因又苏醒了过来。但她连一丝说话的气力都没有，每天只能咽下一点点护士喂食的葡萄糖水。

当时梁再冰的孩子已经满月，她曾求医生，让林徽因看一眼她的孩子，但因为林徽因患的是肺结核，医院无论如何都不答应。就这样，林徽因到去世那一刻也没见到自己的外孙。

据梁再冰回忆：

1955 年 3 月 31 日晚上，同仁医院打电话到新华社通知我，妈妈病危。我立即赶往医院，但她此时已经昏迷不醒。

我来到她的病床前，护士问我要不要叫住在隔壁病室的爹爹过来。我像疯了似的喊道：“要，要啊！快叫他过来呀！”护士把爹爹搀过来时，他坐在妈妈床前，拉着妈妈的手放声痛哭。我一生从没见过爹爹流泪，此时见到他一边哭一边喃喃不断地说：“受罪啊，徽，受罪呀，你真受罪呀！”我此时觉得他们的关系是如此紧密。在他们生离死别的此刻，任何外人，哪怕是我，也不能打扰他们的诀别。

这一年，林徽因 51 岁。

不知道这算不算命运之神对她的眷顾和厚爱，否则以她的病弱之躯，怎么面对 1957 年以及之后的种种批判和混乱？

她走了，她的生命定格在 1955 年 4 月的第一天。

1955 年 4 月 2 日，《北京日报》刊发了林徽因逝世的讣告。

林徽因治丧委员会由张奚若、周培源、钱端升、钱伟长、金岳霖等 13 人组成。

4 月 3 日，林徽因追悼会在北京市金鱼胡同贤良寺举行。北京市长彭真送了花圈。

在许多挽联中，金岳霖和邓以蛰题写的挽联格外引人注目：

一身诗意千寻瀑
万古人间四月天

北京市人民政府决定，林徽因生前设计国徽和人民英雄纪念碑有特殊贡献，遗体安葬在八宝山革命公墓。

林徽因墓由梁思成设计，墓体简洁、朴实、庄重。

人民英雄纪念碑兴建委员会决定：把林徽因亲手设计的一方汉白玉花圈刻样移做她的墓碑。墓碑上镌刻着莫宗江书写的几个大字：

建筑师林徽因之墓

梁再冰说，她很感谢当年兴建委员会这一决定，因为在“文革”期间，“建筑师林徽因之墓”这一行大字被粗暴破坏后，她仍可以凭着这方汉白玉刻样在八宝山公墓中找到长眠在那里的妈妈。

1972年1月9日，梁思成在饱受“文化大革命”的折磨后，病逝于北京。“文化大革命”后，梁思成的骨灰安放在八宝山革命公墓骨灰堂，与林徽因的墓地相邻。

林徽因的一生，是很尽兴的一生：立志学建筑，就成了中国第一代的女建筑师；立志为中国人梳理自己的建筑文化，就帮着丈夫梁思成写成了《中国建筑史》；热爱建筑设计，就参与设计了中华人民共和国的国徽和人民英雄纪念碑。她一生献身建筑，而中国的近现代建筑史上也永远镌刻上了她的名字。她热爱文学、戏剧，就满怀激情地创作，同样也有所成就。

林徽因的一生，是很圆满的一生。她自小得父亲宠爱，成年后得丈夫疼爱，当了母亲后又得到儿女深切的依恋和爱戴。她聪慧玲珑，她自信健谈，永远是文艺沙龙的中心，得到一众老友的肯定和高度赞赏。她热情真诚，在很多人的回忆录里，林徽因永远是一个阳光美好的存在。

林徽因的一生，是诗意的一生。就像是汉学家史景迁说的：“我还看到，思成和徽因一道，乘火车、坐卡车，甚至驾骡车跋涉于人迹罕至的泥泞之中，直至最终我们一同攀缘在中国历史大厦的梁架之间，感受着我们手指间那精巧的木工和触手既得的奇迹，以及一种可能已经永远不可复得的艺术的精微。”这个画面，是她留给世间的背影。这样的画面，太像诗了。

主要参考文献

［1］梁从诫．林徽因集［M］．北京：人民文学出版社，2014.

［2］刘小沁．窗子内外忆徽因［M］．北京：人民文学出版社，2001.

［3］杨永生．记忆中的林徽因［M］．西安：陕西师范大学出版社，2004.

［4］清华大学建筑学院．建筑师林徽因［M］．北京：清华大学出版社，2004.

［5］梁思成．梁思成全集［M］．北京：中国建筑工业出版社，2001.

［6］梁思成先生诞辰八十五周年纪念文集［M］．北京：清华大学出版社，1986.

［7］赵炳时，陈衍庆．清华大学建筑学院（系）成立五十周年纪念文集［M］．北京：中国建筑工业出版社，1996.

［8］胡木清，黄淑质．梁思成林徽因影像与手稿珍集［M］．上海：上海辞书出版社，2014.

［9］汤志钧，汤仁泽．梁启超家书：南长街 54 号梁氏函札［M］．北京：中国人民大学出版社，2016.

［10］季羡林．胡适全集［M］．合肥：安徽教育出版社，2003.

［11］中国社会科学院近代史研究所中华民国史研究室．胡适来

往书信选［M］. 北京：中华书局，1979.
［12］梁启超. 饮冰室合集［M］. 上海：中华书局，1989.
［13］丁文江，赵丰田. 梁启超年谱长编［M］. 上海：上海人民出版社，1983.
［14］徐志摩. 徐志摩全集［M］. 上海：上海书店，1995.
［15］徐志摩. 徐志摩散文精选：一叶诗情. 武汉：华中科技大学出版社，2018.
［16］徐志摩. 徐志摩全集［M］. 天津：天津人民出版社，2005.
［17］梁从诫. 薪火四代［M］. 天津：百花文艺出版社，2002.
［18］林徽因. 心若向阳，无谓悲伤［M］. 北京：北京理工大学出版社，2012.
［19］林洙. 梁思成、林徽因与我［M］. 北京：中国青年出版社，2011.
［20］林徽因. 中国建筑常识［M］. 北京：北京理工大学出版社，2017.
［21］沈从文. 沈从文全集［M］. 太原：北岳文艺出版社，2002.
［22］朱乔森. 朱自清全集［M］. 南京：江苏教育出版社，1997.
［23］朱光潜. 朱光潜全集［M］. 合肥：安徽教育出版社，1987.
［24］梁宗岱. 梁宗岱文集［M］. 北京：中央编译出版社，2003.

[25] 温源宁．一知半解及其他［M］．沈阳：辽宁教育出版社，2001.

[26] 萧乾．萧乾回忆录［M］．北京：中国工人出版社，2005.

[27] 冰心．冰心全集［M］．福州：海峡文艺出版社，1994.

[28] 梁实秋．梁实秋散文［M］．北京：中国广播电视出版，1989.

[29] 刘敦桢．刘敦桢全集［M］．北京：中国建筑工业出版社，2007.

[30] 金岳霖．金岳霖文集［M］．兰州：甘肃人民出版社，1995.

[31] 刘培育．金岳霖的回忆与回忆金岳霖［M］．成都：四川教育出版社，2000.

[32] 吴宓，吴学昭．吴宓日记［M］．北京：生活·读书·新知三联书店，1998.

[33] 汪曾祺，邓九平．汪曾祺全集［M］．北京：北京师范大学出版社，1998.

[34] 刘培育，等．金岳霖思想研究［M］．北京：中国社会科学出版社，2004.

[35] 西南联合大学北京校友会．国立西南联合大校史［M］．北京：北京大学出版社，1996.

[36] 清华大学校史编写组．清华大学校史稿［M］．北京：中华书局，1981.

[37] 梁从诫．不重合的圈——梁从诫文化随笔［M］．天津：百花文艺出版社，2003.

[38] 费慰梅. 梁思成与林徽因——一对探索中国建筑史的伴侣［M］. 曲莹璞，关超，译. 北京：中国文联出版公司，1997.
[39] 费正清. 费正清对华回忆录［M］. 上海：知识出版社，1991.
[40] 朱涛. 梁思成与他的时代［M］. 桂林：广西师范大学出版社，2014.
[41] 岱峻. 发现李庄［M］. 成都：四川文艺出版社，2009.
[42] 王汎森. 中国近代思想与学术的谱系［M］. 石家庄：河北教育出版社，2001.
[43] 吴荔明. 梁启超和他的儿女们［M］. 上海：上海人民出版社，1999.
[44] 林洙. 建筑师梁思成［M］. 天津：天津科学技术出版社，1996.
[45] 林洙. 困惑的大匠·梁思成［M］. 济南：山东画报出版社，1997.
[46] 张邦梅. 小脚与西服——张幼仪与徐志摩的家变［M］. 谭家瑜，译. 合肥：黄山书社，2011.
[47] 泰戈尔. 泰戈尔戏剧集·四［M］. 谢冰心，译. 北京：中国戏剧出版社，1958.